职业院校会计专业工学一体化工作页系列

税务的筹划

税

主　编　张洁仪　许慧欣
副主编　沈　羽　李　江

西南交通大学出版社
·成　都·

图书在版编目（CIP）数据

税务的筹划 / 张洁仪，许慧欣主编. —成都：西南交通大学出版社，2021.10
ISBN 978-7-5643-8319-0

Ⅰ. ①税… Ⅱ. ①张… ②许… Ⅲ. ①税务筹划 – 中等专业学校 – 教材 Ⅳ. ①F810.42

中国版本图书馆 CIP 数据核字（2021）第 206931 号

Shuiwu de Chouhua
税务的筹划

主　编 / 张洁仪　许慧欣
责任编辑 / 李芷柔
封面设计 / 原谋书装

西南交通大学出版社出版发行
（四川省成都市金牛区二环路北一段 111 号西南交通大学创新大厦 21 楼　610031）
发行部电话：028-87600564　028-87600533
网址：http://www.xnjdcbs.com
印刷：四川森林印务有限责任公司

成品尺寸　185 mm × 260 mm
印张　8.5　　字数　183 千
版次　2021 年 10 月第 1 版　　印次　2021 年 10 月第 1 次

书号　ISBN 978-7-5643-8319-0
定价　29.00 元

课件咨询电话：028-81435775
图书如有印装质量问题　本社负责退换

前　言

PREFACE

税务的筹划主要是指在法律规定许可的范围内，通过对经营、投资、理财活动的事先筹划和安排，为纳税人节约税收开支提供合法的渠道，尽可能节税，以达到税后财务利益最大化。在筹划的过程中也同时强化了纳税人的纳税意识，实现诚信纳税。对企业而言，会计人员对公司账务及税务基本的计算与申报已不能满足公司的需求，能够全面进行税务筹划，规避纳税风险是现代会计人员必备的技能。

编者通过对中小企业的纳税情况、筹划需求以及对会计人才的素质要求进行调研分析，结合一体化教学特点与学生学情，编写了《税务的筹划》教材。本书将理论教学与实践教学融为一体，设置了六个学习任务：由张洁仪负责认知税务的筹划、企业所得税的税务筹划、个人所得税的税务筹划任务的编写，许慧欣负责企业增值税的税务筹划任务的编写，沈羽、李江负责企业成立的税务筹划、企业运营的税务筹划任务的编写。希望通过本课程的学习，学生能够熟练使用常见的税务筹划方法，在企业常见的筹划空间中利用所学进行合理合法的筹划，并在任务实施过程中培养严谨细致、合法诚信、全面统筹的工作作风。

本书通过丰富的筹划任务，帮助学生进行学习。案例任务中出现的人名、公司名、公司信息均为虚构，仅供教学所用。在编写过程中，注重以下两点：

1. 合法性。本书所涉及的税务知识与企业的税务筹划思路，均以遵守国家税收法律法规为前提。

2. 基础性。本书主要学习税收常见的筹划方法，为初接触税收筹划的学生打好基础，形成清晰的筹划思维。

本书在编写过程中，得到教学团队及校企合作企业的帮助，在此一并表达感谢。

由于经验不足，书中的任务设计难免有局限性，存在考虑不周等不足之处，敬请读者批评指正。

编　者

2021 年 3 月

目　录

CONTENTSE

学习任务一

认知税务的筹划

学习情境

神州易桥（广州）科技有限公司致力于服务广州地区各类企业，为客户完成企业工商银行业务办理、会计核算、报表编制与分析、税费的计算与纳税申报以及纳税筹划等财税工商业务。近日，该公司扩大规模，承接了多家客户企业的财税业务，业务量繁多，特别是处理税务筹划业务的工作人员严重短缺，现要求校企班级的学生经过税务筹划业务培训后，进驻到工作现场。在校企班级学生开展工作前，神州易桥公司要求会计人员熟知税务筹划的合法性边界。

会计人员通过在神州易桥的税筹部门的学习实践，将以团队为单位，根据真实工作案例，收集并正确解读税法相关政策，明确税筹的合法性边界。由部门经理分配目标客户，分析客户需求，判断是否符合合法税务筹划范畴，并为是否承接业务提出专业意见。

学习目标

1. 能够明确税务筹划的含义。
2. 能够划分税务筹划的主要形式与方法。
3. 能够正确区分税务筹划、偷税、逃税、抗税与骗税。
4. 能够能过网络、书籍查阅相关政策。
5. 能够形成清晰的工作思路，有计划地进行学习任务。

建议学时

4 学时。

学习活动一 认知税务的筹划，明确筹划边界

【学习目标】

1. 认知税务筹划的含义。
2. 理解税务筹划的主要形式。
3. 能够正确区分合法的税务筹划与偷税、抗税、骗税。

【建议学时】

2 学时。

税务的筹划，是指通过对涉税业务进行策划，制作一整套完整的税筹操作方案，从而达到节税的目的。税务筹划有广义和狭义之分，广义的税务筹划既包括节税筹划，又包括避税筹划、税负转嫁筹划和实现涉税零风险。狭义的只包括节税筹划。

【税务筹划基础认知】

一、请查找税务筹划主要形式相关资料，邀请团队一起讨论，共同完成以下连线（见图 1-1），并判断不同税务筹划形式的风险程度。

企业在不违背法律本身且不违背法律立法精神的前提下，在国家法律及税收法规许可并鼓励的范围内，采用税法所赋予的税收优惠或选择机会，来对各种涉税事项进行策划和安排，通过减轻税负来实现企业价值最大化。	避税筹划
企业利用法律的空白、漏洞或缺陷，来对各种涉税事项进行策划和安排，通过规避税收来实现企业价值最大化。	节税筹划
纳税人为了达到减轻税负的目的，通过价格的调整和变动，将税负转嫁给他人承担的经济行为。	涉税零风险筹划
企业通过努力来做到会计账目清楚，会计核算健全，纳税申报正确，业务流程规范、合理，税款缴纳及时、足额，使其一般不会出现任何关于税收方面的处罚，即在税收方面是处在几乎零风险的状态中，或者是处在风险极小可以忽略不计的一种状态中。	税负转嫁筹划

图 1-1

请根据相关资料完成表 1-1。

表 1-1 不同税务筹划形式的法律性质与风险

项目	主要形式			
	节税	避税	税负转嫁	涉税零风险
法律性质				
风险程度				

二、查找资料，分析下列表 1-2 中情形分别属于偷税、抗税与骗税中的哪种。

表 1-2 关于税收的不同行为

序号	情　形	性质
1	假报出口或其他欺骗手段，申报国家出口退税款	
2	纳税人采取伪造、变造、隐匿、擅自销毁账簿、记账凭证，或者在账簿上多列支出或者不列、少列收入，不缴或少缴应纳税款	
3	经税务机关通知申报而拒不申报或者进行虚假的纳税申报，不缴或少缴应纳税款	
4	纳税人、扣缴义务人以暴力、威胁方法拒不缴纳税款	
5	纳税人、扣缴义务人编造虚假计税依据、证明或者其他，导致未缴、少缴税款的	
6	为纳税人提供非法银行户、发票、证明，申报出口退税款	

【法律法规】

刑法第二百零一条：纳税人采取欺骗、隐瞒手段进行虚假纳税申报或者不申报，逃避缴纳税款数额较大并且占应纳税额百分之十以上的，处三年以下有期徒刑或者拘役，并处罚金；数额巨大并且占应纳税额百分之三十以上的，处三年以上七年以下有期徒刑，并处罚金。

刑法第二百零四条：以假报出口或者其他欺骗手段，骗取国家出口退税款，数额较大的，处五年以下有期徒刑或者拘役，并处骗取税款一倍以上五倍以下罚金；数额巨大或者有其他严重情节的，处五年以上十年以下有期徒刑，并处骗取税款一倍以上五倍以下罚金；数额特别巨大或者有其他特别严重情节的，处十年以上有期徒刑或者无期徒刑，并处骗取税款一倍以上五倍以下罚金或者没收财产。

三、查阅资料，思考企业为什么要进行税务的筹划？筹划的目标与原则是什么？

四、查阅资料，小组讨论归纳税务筹划常用的手段有哪些？请举例说明。

学习活动二 接受任务考核

【学习目标】

完成税务筹划合法性分析，并接受部门经理审核。

【建议学时】

2 学时。

【考核内容】

现在接到以下客户的税筹需求，请大家按团队完成以下工作任务，分析判断是否承接该项业务，提出合理建议并递交部门经理审核。

【考核任务】

【考核任务 1】客户 A 企业系小规模纳税人，2020 年 4 月销售一批货物给同城的 B 企业，B 企业要求甲企业开具增值税专用发票才愿意付清货款。A 企业向神州易桥会计人员提出介绍其他公司帮其代开发票给 B 企业。请分析客户的需求，提出业务承接意见。

【考核任务 2】客户甲企业准备成立一家服务品牌企业，现咨询代理记账业务，要求为其公司设立两套账本，一套账本以发票为原始凭证进行核算并以此账进行报税，一套账本以内部自制的票据为原始凭证进行核算。请分析客户的需求，提出业务承接意见。

【考核任务 3】泰国人林加先生被外派到中国巡查子公司业务，由于林加先生不了解中国的个人所得税相关规定，咨询神州易桥业务人员，要求针对其个人所得的纳税情况进行规划以减少税负，并以此来规划其到中国的行程。请分析客户的需求，提出业务承接意见。

【考核任务 4】陈先生在了解了高新技术企业的税收优惠政策后，计划改变其企业类型以符合优惠条件享受高新企业税收优惠。他向神州易桥业务人员提供了公司经营、财务等资料，委托神州易桥公司代为办理高新企业认定。请分析客户的需求，提出业务承接意见。

评价反馈

一、请填写以下过程评价表（见表 1-3）。

表 1-3　任务过程评价表

班级：　　　　　　　　　　　　　　　　　　　　任务名称：

被评价者姓名：

<table>
<tr><td rowspan="4">评价标准</td><td rowspan="4">分数分配</td><td colspan="4">小组评价</td><td colspan="4">教师评价</td><td rowspan="4">备注</td></tr>
<tr><td>优秀</td><td>良好</td><td>中</td><td>差</td><td>优秀</td><td>良好</td><td>中</td><td>差</td></tr>
<tr><td>14~15</td><td>11~13</td><td>9~12</td><td>0~8</td><td>14~15</td><td>11~13</td><td>9~12</td><td>0~8</td></tr>
<tr><td>18~20</td><td>15~18</td><td>12~14</td><td>0~11</td><td>18~20</td><td>15~18</td><td>12~14</td><td>0~11</td></tr>
<tr><td>整个任务过程符合教师提出的、校企合作企业规章制度所明确的任务规范。任务流程中的着装、语言和行为符合职业规范</td><td>15</td><td></td><td></td><td></td><td></td><td></td><td></td><td></td><td></td><td></td></tr>
<tr><td>能独立完成任务内容，能竭尽全力解决遇到的困难，以认真负责的态度保证任务的质量</td><td>15</td><td></td><td></td><td></td><td></td><td></td><td></td><td></td><td></td><td></td></tr>
<tr><td>在每个任务活动中，能主动与教师或其他同学就任务的进展和工作的思路进行交流。认真聆听其他同学和老师的意见</td><td>15</td><td></td><td></td><td></td><td></td><td></td><td></td><td></td><td></td><td></td></tr>
<tr><td>在任务的过程中，能熟练灵活地运用各种学习和工作资源。在向其他组员和教师求助之前，能够先利用并穷尽教材、学材等资源</td><td>20</td><td></td><td></td><td></td><td></td><td></td><td></td><td></td><td></td><td></td></tr>
<tr><td>能察觉任务中出现的困难或错误，提出并实践不同的改善方案，直至解决问题</td><td>20</td><td></td><td></td><td></td><td></td><td></td><td></td><td></td><td></td><td></td></tr>
<tr><td>在整个任务过程中不浪费包括时间在内的资源和耗材，使整个任务过程是环境友好并且有效率的</td><td>15</td><td></td><td></td><td></td><td></td><td></td><td></td><td></td><td></td><td></td></tr>
<tr><td>小计</td><td>100</td><td></td><td></td><td></td><td></td><td></td><td></td><td></td><td></td><td></td></tr>
<tr><td colspan="2">总分</td><td colspan="4"></td><td colspan="4"></td><td></td></tr>
</table>

二、请填写以下的任务成果评价表（见表 1-4）。

表 1-4 税务的筹划认知评价表

班级：　　　　　　　　　　　　　　　　　　　　被评价者姓名：

任务名称：

序号	项目	配分	评分标准	扣分	扣分说明
1	政策搜寻	20	有效利用资源对每个任务涉及的政策、法令进行收集。缺少一项扣 5 分		
2	政策运用	30	错误运用政策法规的，一次扣 5 分		
3	业务判断	30	因为业务判断错误的每次扣 3 分，因为错用政策的每次扣 5 分		
4	口头表达	10	展示语言表达清晰，所用的语言符合企业综合服务人员应具备的职业水准，语气语调符合面向上级汇报的要求		
5	展示逻辑	10	整个展示的结构完整，逻辑清楚，重点清晰。每个部分的时间分配合理		
	合计	100			

学习任务二

企业增值税的税务筹划

学习情境

神州易桥（广州）科技有限公司致力于服务广州地区各类企业，为客户完成会计核算、报表编制与分析、税费的计算与纳税申报以及税务筹划等财税业务。近日，该公司扩大规模，承接了多家客户企业的财税业务，业务量繁多，特别是处理税筹划业务的工作人员严重短缺，现要求校企班级的学生迅速加入工作现场完成任务。

会计人员从神州易桥的税筹部门的经理手中领取各个客户企业的资料以及需要进行的增值税的税务筹划任务，将客户平均分配给校企班级团队（约 4 ~ 5 人一组）。各团队根据客户资料和工作任务要求分析背景情况、获取重要信息，依据法律法规判断筹划方向，选择筹划方法，并根据增值税的税务筹划方案做出处理并给出合理化建议，最后由部门经理做出审核。

学习目标

1. 识别纳税人身份，根据适合的优惠政策进行税务筹划。
2. 对比供应商类型，灵活选取，合理计算增值税。
3. 巧用优惠政策，在销售过程中完成增值税的合理税筹。
4. 熟用法律政策，识别和预防日常经营中的风险。
5. 初步完成对合作企业的税务筹划方案。

建议学时

24 学时。

学习活动一　认知纳税人身份，选择适用的优惠政策

【学习目标】

1. 区分纳税人的身份类别及适用的政策条款。
2. 选择适合的身份进行纳税申报。
3. 熟知农产品在增值税中的相关政策规定，提出合适的税务筹划建议。
4. 关注小微企业在增值税中的相关政策规定，巧用其进行税务筹划。

【建议学时】

6 学时。

【税务筹划思路】

根据以下提示条款，搜集资料，回答下列问题。

1. 我国增值税的纳税人一般分为一般纳税人和小规模纳税人两种类型。它们之间的判定标准是____________________________________。这两种类型之间是否能转换？

2. 一般纳税人适用的税率有__________________________,有以下情况一般纳税人可以选用简易征收的方式计算增值税：______________________________________

____

____；

小规模纳税人使用简易征收方式进行征税管理，适用的征税率是______________。

3. 一般纳税人在使用增值税专用发票上一般有哪些规定？

4. 小规模纳税人是否能使用增值税专用发票？

【法律法规】

（1）《中华人民共和国增值税暂行条例》（国务院 1993 年 12 月 13 日颁布，国务院令〔1993〕第 134 号，根据 2017 年 11 月 19 日《国务院关于废止〈中华人民共和国营业税暂行条例〉和修改〈中华人民共和国增值税暂行条例〉的决定》第二次修订），以下简称《增值税暂行条例》。

（2）《增值税一般纳税人登记管理办法》（国家税务总局令第 43 号）。

（3）《财政部税务总局关于统一增值税小规模纳税人标准的通知》（财税〔2018〕33 号）。

（4）《财政部税务总局关于实施小微企业普惠性税收减免政策的通知》（财税〔2019〕13 号）。

【税务筹划任务】

根据现行法律制度，判断以下企业应当如何选择增值税企业类型，请给出税务筹划的建议。

【工作任务 1】客户公司 A 属于生产型企业，年应纳税销售额为 3 200 万元，会计核算制度较为健全，符合一般纳税人的条件，属于一般纳税人，适用于 13%的税率。但是该企业准予从销项税额中抵扣的进项税额比较少，只占用销项税的 20%。请你和你的团队成员使用增值率判别法计算出 A 公司的税负比率，并给出你们的税务筹划建议。

【温馨提示】

增值率判别法。增值率是增值额占不含税销售额的比例。假设某工业企业某年度不含税的销售额为 M，不含税购进额为 N，增值率为 A。如果该企业为一般纳税人，我们以 13%的税率为例，其应纳增值税为 $M\times13\%-N\times13\%$。

引入增值率计算，则为 $M\times A\times13\%$；如果是小规模纳税人，应纳增值税为 $M\times3\%$。令两类纳税人的税负相等，则有：$M\times A\times13\%=M\times3\%$，$A=23.08\%$。也就是说，当增值率为 23.08%时，企业无论是选择成为一般纳税人还是小规模纳税人，增值税的税收负担是相等的；当增值率小于 23.08%时，企业作为一般纳税人的税负小于作为小规模纳税人的税负；当增值率大于 23.08%时，企业作为一般纳税人的税负大于作为小规模纳税人的税负。

工作笔记：

【政策普及】

一、请利用农产品免征政策为以下企业提出税务筹划建议。

【工作任务 2】客户 B 公司为一家家具生产企业，每年从农民手里收购 2 000 万元的板材，农民加工这些板材所用的树木成本是 1 360 万元，该企业每年销售家具取得的不含税收入为 6 000 万元。根据新政策，该企业的增值税税率应该是 13%。请你和你的团队为 B 公司提供税务筹划建议。

可使用的农产品免税政策：

税务筹划建议：

【温馨提示】需要注意，只有农业生产者销售自产的农产品才免收增值税，如果农业生产者对自己的产品进行深加工后再销售，是无法享受免税优惠的。所以企业在创建之初就要根据自身的经营内容和方式，进行系统的税务筹划，尤其是对于农产品加工企业而言更需提前合理规划。

若一个企业既包括原料农场，又包括农产品加工，可以将农场和加工厂分成两个独立的法人，这样可以减轻企业的税负。因为农场自产自销未加工的初级农产品（如小麦），可以享受国家的免增值税优惠政策；加工厂购进农场的小麦后，可按购进的农产品价格核算，按照 9%扣除率计算进项税额进行抵扣，降低企业的税负。

【引申阅读】“农产品”的抵扣政策

①购进农产品取得增值税专用发票或海关进口增值税专用缴款书的，“凭票抵扣”进项税额；

②从适用“3%征收率”的小规模纳税人处购入农产品，取得（3%税率的）“增值税专用发票”以及购进免税农产品，取得或开具“农产品收购（销售）发票”根据用途分别适用规定的扣除率计算抵扣进项税额。

后续用于生产或委托加工13%税率的货物：适用10%的扣除率。

后续用于生产或委托加工9%税率的货物或6%税率的服务：适用9%的扣除率。

进项税额计算公式为：进项税额=买价（金额）×扣除率（9%或10%）。

具体见图2-1。

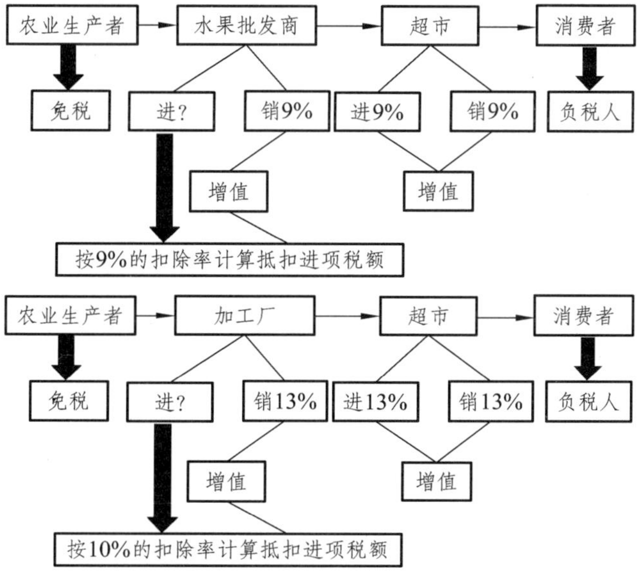

图2-1

【举例】甲公司从乙公司处购入一批橙子（单位：万元），增值税抵扣情况见表2-1。

表2-1　增值税抵扣情况

乙公司性质	取得凭证	金额	准予抵扣税额	
			清洗包装后直接出售	加工成橙汁出售
一般纳税人	增值税专用发票	价款10	凭票抵扣0.9	
境外机构	进口增值税专用缴款书	税款0.9		
小规模纳税人	增值税专用发票	价款10 税款0.3	10×9%＝0.9	10×10%＝1
农业生产者	农产品收购（销售）发票	买价10		

延伸：对从一般纳税人处购入农产品（橙子）取得增值税专用发票和进口农产品

取得海关进口增值税专用缴款书的企业，后续将农产品用于深加工业务（橙汁），在“生产领用时”可以“加计抵扣 1%”。具体见图 2-2。

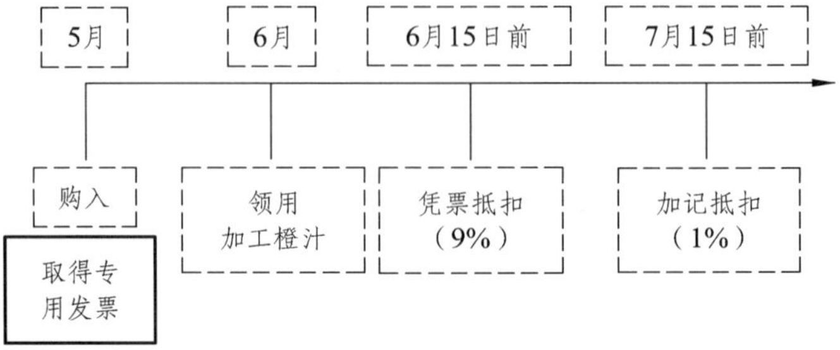

图 2-2

一、请结合小微企业免税政策优惠为以下企业提出税务筹划方案。

【工作任务 3】客户 AB 公司是一家提供交通运输服务的企业，为小规模纳税人，每年含税销售额为 190 万元左右，请提出税务筹划方案。

参照法律依据：

具体税务筹划方案：

【温馨提示】

2021 年政府工作报告指出，对月销售额 15 万元以下（含本数）的增值税小规模纳税人，免征增值税。在筹划中应当注意增值税纳税义务的发生时间，不能为了少缴税而少申报销售额，这样可能会构成偷税，从而产生税务风险。企业应注意在季度末调控销售收入，尽量保证其中 1 个季度的销售额不超过 45 万元，临近季度的销售额可以超过 45 万元，这样就可以保证 1 个季度不纳税，另 1 个季度纳税，适当降低税收负担。

工作笔记：

二、请你与你的团队查阅资料，并列举出《增值税暂行条例》及其实施细则规定的免税项目有哪些，补充下列内容。

1. ________________的自产（初级）农产品。

2. 避孕药品和用具。

3. 古旧图书。

4. ________用于____________________________________的进口仪器、设备。

5. 外国政府、国际组织____________的进口物资和设备。

6. 由____________的组织直接进口供___________专用的物品。

7. 销售自己使用过的物品。

三、请你与你的团队查阅资料，并把下列增值税应税服务中免税项目的相关内容补充完整。

1. 提供社区养老、________、_________等服务取得的收入。

2. 从事___________的学校提供的教育服务。

3. 纪念馆、博物馆、文化馆、文物保护单位管理机构、美术馆、展览馆、书画院、图书馆在自己的场所提供文化体育服务取得的__________门票收入。

4. 医疗机构提供的________服务。

5. “四技”合同（具体指____）。

6. _______人员本人为社会提供的服务。

7. _______福利机构提供的育养服务。

学习活动二　巧选供货对象类型，合理降低增值税

【学习目标】

根据供货对象身份选择其合作类型，合理降低增值税。

【建议学时】

2 学时。

【税务筹划思路】

增值税一般纳税人产品的价格与增值税小规模纳税人产品价格之比达到什么程度就会使采购某种类型企业的产品比较合算？

如果一般纳税人和小规模纳税人两者的价格一样，肯定选择一般纳税人的供应商，因为可以抵扣部分增值税，相当于降低了产品的成本。但是大多时候企业会遇到这样的情况，A 企业需要的某种材料、B 企业（一般纳税人）可以供应，C 企业（小规模纳税人）愿意以更低的价格供应。这时候 A 企业就要筹划 C 企业的价格降低到多少，自己采购才比较合算？大家可以尝试帮助 C 企业考虑这个问题。

【税务筹划任务】

【工作任务 1】设某 C 公司为增值税一般纳税人，其税率为 13%，某天需采购一批商品，进价为 39 万元（含增值税），销售价格为 6 102 万元（含增值税）。假设 C 公司有 3 种不同的供应商可选，请计算 C 公司选择 3 种不同的供应商后，需要交的增值税。

【温馨提示】

一般纳税人按采购货物的渠道可以把供应商分为 3 种：

第一种是一般纳税人，它可以开具税率为 13%的增值税专用发票；

第二种是可以开具增值税专用发票的小规模纳税人；

第三种是只能开具增值税普通发票的小规模纳税人（增值税普通发票不能抵扣）。

【工作任务 2】D 企业属于增值税一般纳税人，其所选用的商品有两种进货渠道：一种是从一般纳税人那里进货，含税价格为 232 元/件，可以开具 13%的增值税专用发票；另一种是从小规模纳税人那里进货，含税价格为 200 元/件，不能开具增值税专用发票。该企业 2020 年度一直从一般纳税人那里进货，一共进货 10 万件。请提出该企业的税务筹划方案。

【温馨提示】

选择购货伙伴除了考虑增值税负担以外还需要考虑其他因素，比如信用关系、运输成本、洽谈成本等。因此，应当将增值税负担标准与其他的标准综合考虑。

工作笔记：

学习活动三 销售过程的税务筹划

【学习目标】

1. 根据政策，完成发生兼营销售时的税务筹划。
2. 区分商业折扣和现金折扣，完成销售过程中两者的税务筹划。
3. 区分实物折扣和价格折扣，完成销售过程中两者的税务处理。

【建议学时】

8学时。

【税务筹划思路】

一、请查找相关资料，邀请团队一起讨论，共同完成以下问题：

1. 什么是兼营销售？企业发生兼营销售时增值税应当怎么处理？

2. 纳税人采用商业折扣销售货物的，销售额和折扣额在同一张发票上分别注明的和未在同一张发票上注明折扣额的，在增值税处理过程中有什么区别？

3. 实务折扣和价格折扣在增值税处理过程中有何区别？

4. 商业折扣和现金折扣的联系和区别是什么？纳税人在发生现金折扣时这部分金额是否不用计算增值税？

二、特殊销售方式下你知道如何正确确定销售额吗？一旦销售额弄错，就容易导致增值税数额计算错误。请和团队成员共同完成表 2-2 的内容。

表 2-2　特殊销售方式下销售额的确定

销售方式	销售额确定
商业折扣	① 销售额和折扣额在同一张发票上的金额栏分别注明的，按__________的销售额计税
	② 将折扣额另开发票，不论其在财务上如何处理，__________
以旧换新	① 一般货物：__________
	② 金银首饰：__________
还本销售	__________
以物易物	__________

学会了吗？顺便考一考你，请写出以下案例的计税销售额具体是多少。

1. 某商场为增值税一般纳税人，采取“以旧换新”方式销售货物，本月销售新货物 100 件，每件零售价 3 000 元，旧货物每件作价 1 000 元。已知，上述货物适用增值税税率为 13%。

2. 某商场为增值税一般纳税人，其销售的钢笔标明零售价为 20 元/支，乙学校作为教师节礼物购进 100 支。由于大批量购进，甲商场同意给乙学校打 8 折。已知增值税税率为 13%。

三、有些时候企业在销售商品时是需要一定价值的包装物作为承载的，比如说牛奶瓶、酒瓶等，有些企业会将这些包装物回收再使用，这就会在销售的时候涉及包装物押金的问题，但不同的商品，包装物押金的计税方式是不一样的。请大家一起来了解并判断表 2-3 的商品涉及的包装物押金需要在哪个时间点计税。

表 2-3　不同包装物押金计税时间

产品	取得时	逾期时
除酒类产品以外的其他货物		
白酒、其他酒		
啤酒、黄酒		

注意：“逾期”是指超过合同约定的期限或者虽未超过合同约定期限，但已经超过 1 年的。

请通过以下案例来实际体会一下：甲公司为增值税一般纳税人，2020 年 9 月销售啤酒取得含税价款 226 万元，另收取包装物租金 1.13 万元，包装物押金 3.39 万元，已知增值税适用税率为 13%，计算甲公司当月上述业务增值税销项税额的下列算式中，正确的是（　）。

A. (226+1.13)÷(1+13%)×13%=26.13（万元）

B. 226÷(1+13%)×13%=26（万元）

C. 226×13%=29.38（万元）

D. (226+1.13+3.39)÷(1+13%)×13%=26.52（万元）

【税务筹划任务】

请认真研究以下客户情况，帮助他们选用最优的税务筹划方案。

【工作任务 1】E 灯饰企业属于增值税一般纳税人。2020 年 9 月销售灯饰，取得含税销售额 15 万元，同时又另外提供安装服务，取得含税销售额 2 万元，前项经营的增值税税率为 13%，后项经营的增值税税为 9%。该企业对两种经营统一进行核算。请计算应纳增值税税款，找到相对应的税筹点并提出税务筹划方案。

工作笔记：

【工作任务 2】F 企业为了促销，规定凡购买其产品在 5 000 件以上的，给予折和 10%。该产品不含税单价 200 元，折扣后的不含税价格为 180 元。该企业未将销售额和折扣额在同一张发票上分别注明。请计算该企业应当缴纳的增值税，找到相对应的税筹点并给出税务筹划方案。

【法律法规】

（1）《国家税务总局关于纳税人折扣折让行为开具红字增值税专用发票问题的通知》（国家税务总局 2006 年 12 月 29 日发布，国税发〔2006〕1279 号）。

（2）《国家税务总局关于折扣额抵减增值税应税销售额问题通知》（国家税务总局 2010 年 2 月 8 日发布，国税函〔2010〕56 号）。

（3）《财政部、税务总局、海关总署关于深化增值税改革有关政策的公告》（财政部、税务总局、海关总署公告 2019 年第 39 号）。

工作笔记：

【工作任务 3】G 企业销售一批商品，共 3 万件，每件不含税销售价格为 300 元，根据需要采取实物折扣的方式，即在 100 件商品的基础上赠送 5 件商品，实际赠送 500 件商品。请计算该企业应当缴纳的增值税，找到相对应的税筹点并提出税务筹划方案。

工作笔记：

【工作任务 4】H 企业与客户签订的合同约定不含税销售为 10 万元，合同中约定的付款期为 30 天。如果对方可以在 10 天内付款，将给予对方 2%的销售折扣，即 2 000 元。由于企业采取的是销售折扣方式，折扣额不能从销售额中扣除，企业应按照 10 万元的销售计算增值税销项税额。这样，增值税销项税额为 10×1%=13（万元）。请找到相对应的税筹点并提出该企业的税务筹划方案。

工作笔记：

【工作任务 5】I 公司计划在年底开展一次“买一赠一”的促销活动。计划提供促销商品销售额为 6 000 万元，实际收取 3 000 万元。该公司适用税率为 13%。请为 I 公司设计合理减轻增值税的筹划方案。

【温馨提示】

根据增值税相关规定，赠送行为视同销售行为征收增值税，当企业计划采用赠送这种促销方式时，应当考虑将赠送的商品放入销售的商品中，与销售的商品一起进行销售，这样可把赠送行为隐藏在销售行为之中，避免了赠送商品所承担的税收。

学习活动四 识别和预防日常经营中的风险

【学习目标】

1. 识别增值税中的进项税额是否能抵扣，正确进行增值税税务处理规避风险。
2. 分析经营活动中可能出现的税务风险，并正确应对处理。

【建议学时】

4 学时。

【税务筹划思路】

抵扣进项税是纳税人普遍关注的问题，但是在实际工作过程中，很容易出现超范围抵扣进项税，被税务部门处罚。现在我们先来看看哪些进项税是可以抵扣，哪些是不能抵扣的。

一、查阅相关书籍或通过网上查询，回答下列问题。

1. 可以抵扣的进项税额有：

2. 不可抵扣的进项税额有：

请通过下列案例实际体验一下：甲公司为增值税一般纳税人，本月进口产品 20 万元，取得进口增值税专用缴款书上注明的增值税额为 3.2 万元；发生运输费用，取得增值税普通发票上注明的价税合计金额为 2 200 元；向农业生产者购入免税农产品 3 万元，经简单加工后用于直接销售；购入原材料 30 万元，增值税专用发票上注明的增值税额为 4.8 万元。已知该企业取得发票、缴款书等均符合规定，并已认证、比对，则下列关于准予抵扣的进项税额中，说法正确的有（　　）。

A. 进口产品准予抵扣的进项税额为 3.2 万元

B. 运输费用准予抵扣的进项税额为 200 元

C. 购入免税农产品准予抵扣的进项税额为 2 700 元

D. 购入原材料准予抵扣的进项税额为 4.8 万元

工作笔记：

【引申阅读 1】扣减进项税的规定——进项税额转出计算

1. 直接转出——知道税额的情况

进项税额转出=已抵扣税款

【例 1】某企业上月已认证抵扣原材料的进项税额 100 万元。本月该材料发生非正常损失 10%，则转出的进项税额=100×10%=10（万元）。

2. 计算转出——不知道税额的情况下，先算出税额还原成“（1）”。

（1）存货：进项税额转出=不含税价款×税率

【例 2】某企业上月外购一批水泥，取得增值税专用发票注明价款 100 万元，已认证抵扣。本月将该批水泥用于建设职工食堂，则转出的进项税额=100×13%=13（万元）。

（2）服务（以运费为例）：进项税额转出=运费×9%

【例 3】某企业因管理不善导致库存原材料毁损，材料总成本 105 万元，其中含运费成本 5 万元，则转出的进项税额=（105−5）×13%+5×9%=13.45（万元）。

（3）购入“免税”农产品：

① 用于生产或委托加工 13%税率的货物。

进项税额转出=成本÷（1−10%）×10%

② 用于生产或委托加工 9%税率的货物或 6%税率的服务。

进项税额转出=成本÷（1−9%）×9%

【例 4】某企业库存购入的用于简单加工后销售的免税农产品成本 100 万元，因管理不善，腐烂变质，则转出的进项税额=100÷（1−9%）×9%=9.89（万元）。

（4）（固定资产）无形资产、不动产：

进项税额转出=（固定资产）无形资产、不动产净值×适用税率

或者进项税额转出=已抵扣进项税额×净值率

净值率=（净值÷原值）×100%

【注意】（固定资产）无形资产、不动产净值是指纳税人根据财务会计制度计提折旧或摊销后的余额。

【例 5】某企业于 2019 年 12 月购入一台生产设备，增值税专用发票上注明的买价为 100 万元，增值税为 13 万元，2020 年 12 月因管理不善烧毁，烧毁时已计提折旧 20 万元，则转出的进项税额=（100−20）×13%=10.4（万元）。

【引申阅读 2】转增进项税额的规定——进项税额转入

不得抵扣且未抵扣进项税额的固定资产、无形资产、不动产，发生用途改变，用于允许抵扣进项税额的应税项目，可在改变用途的次月，依据“合法有效的增值税扣税凭证”，计算可抵扣的进项税额。

可抵扣的进项税额=固定资产、无形资产、不动产净值÷（1+适用税率）×适用税率

或者可抵扣的进项税额
=增值税扣税凭证注明或计算的进项税额×净值率

净值率=（净值÷原值）×100%

【例 6】某企业将用于职工活动中心的计算机改用于生产车间，该批计算机购入时取得的增值税专用发票上注明的价款为 10 万元，增值税为 1.3 万元。截至变更用途时，该批计算机已计提折旧 6.78 万元，则该批计算机应转增进项税额=（10+1.3−6.78）÷（1+13%）×13%=0.52（万元）

【引申阅读 3】认证及抵扣期限

纳税人取得符合规定的发票，应自开具之日起 360 天内认证，并在规定的纳税申报期内抵扣。

【工作任务 1】2019 年 8 月，J 公司员工赵某出差乘坐飞机取得航空运输电子客票行程单上注明票价 3 002 元，燃油附加费 50 元；乘坐高铁取得铁路车票上注明的票价为 1 308 元，乘坐渡轮取得船票注明的价格为 360.5 元，乘坐网约车，取得国内旅客运输服务的增值税电子普通发票注明的金额为 200 元，税额为 6 元，已知：航空运输电子客票行程单、铁路车票适用的增值税税率为 9%，公路、水路等其他客票适用的扣除率为 3%。则 J 公司本月准予抵扣的进项税额是多少？

工作笔记：

经理提问：购进境内旅客运输服务的抵扣政策是怎样的？请填写表 2-4。

表 2-4　购进境内旅客运输服务的抵扣政策

取得的抵扣凭证	抵扣政策
增值税电子普通发票	
注明旅客身份信息的航空运输电子客票行程单	
注明旅客身份信息的铁路车票	
注明旅客身份信息的公路、水路等其他客票	

注意：可以用于抵扣的凭证包括增值税专用发票、机动车销售统一发票、海关进口增值税专用缴款书、农产品收购发票、农产品销售发票、完税凭证、符合规定的国内旅客运输发票（注明旅客身份信息的航空运输电子客票行程单、铁路车票、公路水路等其他客票、国内旅客运输服务的增值税电子普通发票）。

【工作任务 1】K 水果超市为增值税一般纳税人，某日从农民手中收购一批苹果，农产品收购发票上注明的收购价款为 8 000 元，该超市对苹果做了清洗包装后，出售给了甲企业，开具增值税专用发票上注明的金额为 12 000 元。已知，该超市销售农产品适用的税率为 9%，则该超市应缴纳增值税是多少？

工作笔记：

二、在实际工作过程中，还可能出现以下问题，针对以下这个客户，应当怎么帮他做税务筹划，规避风险？

【工作任务 2】甲企业与乙企业达成了一项商品买卖合同，甲企业在支付相应价款后，获得了乙企业开具的增值税专用发票。由于乙企业与丙企业存在长期框架协议，协议规定：乙企业采购丙企业的商品，放置在丙企业的仓库中，乙企业销售相关商品时，由丙企业直接从仓库给购买方发货。同时双方还规定，丙企业给乙企业开具增值税专用发票，而乙企业直接给甲企业开票。对于甲企业来说，应该怎么避免风险呢？

【温馨提示】

物流、合同流、资金流和票流间的“四流合一”是企业抵扣增值税进项税额和规避虚开增值税专用发票问题的重要保证。也就是“所支付款项的单位，必须与开具抵扣凭证的销货单位、提供劳务的单位一致”，就是说，合同中的劳务提供方与发货人、开票单位和实际收款单位必须统一，才能够抵扣增值税进项税额。如果“四流”不一致，就会出现相应的税务风险。

工作笔记：

学习活动五 接受任务考核

【学习目标】

完成企业增值税综合业务的工作任务考核，获得反馈。

【建议学时】

4 学时。

【考核内容】

现在接到以下客户的税筹需求，请大家按团队完成以下工作任务，最后由部门经理对大家的表现进行评价，这也是本次实践的综合评价，请大家认真对待。

【考核任务】

【考核任务 1】工贸公司为一般纳税人，8 月欲购进某种商品，销售价格为 50 000 元（含税）。在采购时，工贸公司可以选择 3 种不同性质的纳税人作为购货对象：增值税一般纳税人 A、能开具增值税专用发票的小规模纳税人 B、开具普通发票的小规模纳税人 C。假定从 A、B、C 企业进货的价格分别为 38 000 元、37 000 元、36 500 元（均为含税）。任务要求：帮助工贸分析该公司应选择从哪个企业购入货物。

【考核任务 2】星辉百货商场是一家服装专业零售企业，是增值税一般纳税人。公司以服装零售为主，在当地拥有一定的知名度。公司销售部决定在春节期间展开一次促销活动，以提升该公司的盈利能力。对于这项活动，公司决策层提出不同的促销方案：

（1）董事长张飞认为，目前人们越来越讲求实惠，如果采用返还现金的方式进行促销，一定能够吸引更多的顾客。

（2）总经理李高认为，采用赠送货物的促销方式，可以减少本公司的存货，同时也可以刺激销售。

（3）市场部经理董智认为，采用赠送优惠券的方式可以增加商品销售的吸引力，不仅可以销售更多的商品，而且可以为公司带来更多的利润。

（4）财务部主管林野认为，采用让利方式，即折扣销售方式，可以减少税收负担。

他们各自从不同角度考虑，都有道理，彼此互不相让，最后没有达成一致意见。于是决定通过纳税筹划，测算出哪种方案更能达到利益最大化的目的。

以 20 000 元销售额、平均成本为 12 000 元为基数，提出三个操作方案。

方案 1：只要购物，就在商品原价的基础上打 7.5 折；

方案 2：购物满 100 元赠送价值 40 元的商品（赠品成本 28 元，均为含税价）；

方案 3：购物满 100 元返还 40 元现金。

任务要求：在考虑增值税的情况下，比较三个方案在纳税筹划角度的优势和劣势。

【考核任务 3】甜蜜蜜食品制造公司为增值税一般纳税人，适用 13%的增值税税率。根据市场需求，该食品厂开发种苹果、雪梨等水果，并将其加工成果脯、饮料等（以下简称“加工品”）对外销售。2019 年开始产生经济效益。2020 年 5 月该食品厂共销售水果加工品 200 万元（不含增值税价格），产生 26 万元的销项税。经核算，发现与该项业务有关的进项税额数量很少，只有化肥等项目产生的 2 万元的进项税可以抵扣。这样，该食品厂需要就该项业务缴纳 24 万元的增值税。为了降低增值税负担，该企业在购进可抵扣项目时，十分注重取得合格的增值税专用发票，但收效不大。

针对该食品厂进项税额很小、税负较重的情况，公司经过仔细考虑，提出了下列方案：食品制造公司将水果的种植业务分立为一个独立的企业，并使其具有独立的法人资格，实行独立核算，也就是使之成为一个独立的纳税人，食品制造公司按照市场价格向该种植企业收购水果作为加工原料，并向其开具农产品收购凭证。

考核要求：分析该方案在税务筹划中的可行性。

评价反馈

一、请填写以下过程评价表 2-5。

表 2-5　任务过程评价表

班级：　　　　　　　　　　　　　　　　　　任务名称：

被评价者姓名：

评价标准	分数分配	小组评价				教师评价				备注
		优秀	良好	中	差	优秀	良好	中	差	
		14~15	11~13	9~12	0~8	14~15	11~13	9~12	0~8	
		18~20	15~18	12~14	0~11	18~20	15~18	12~14	0~11	
整个任务过程符合教师提出的、校企合作企业规章制度所明确的任务规范。任务流程中的着装、语言和行为符合职业规范	15									
能独立完成任务内容，能竭尽全力解决遇到的困难，以认真负责的态度保证任务的质量	15									
在每个任务活动中，能主动与教师或其他同学就任务的进展和工作的思路进行交流。认真聆听其他同学和老师的意见	15									
在任务的过程中，能熟练灵活地运用各种学习和工作资源。在向其他组员和教师求助之前，能够先利用并穷尽教材、学材等资源	20									
能察觉任务中出现的困难或错误，提出并实践不同的改善方案，直至解决问题	20									
在整个任务过程中不浪费包括时间在内的资源和耗材，使得整个任务过程是环境友好并且有效率的	15									
小计	100									
总分										

二、请填写以下的任务成果评价表 2-6。

表 2-6　企业增值税的税务筹划评价表

班级：　　　　　　　　　　　　　　　　　　　　　　　　被评价者姓名：

任务名称：

序号	项目	配分	评分标准	扣分	扣分说明
1	政策搜寻	20	有效利用资源对每个任务涉及的政策、法令进行收集。缺少一项扣 5 分		
2	政策运用	30	错误运用政策法规的，一次扣 5 分		
3	税负计算	30	因为计算导致错误的每次扣 3 分，因为错用政策的每次扣 5 分		
4	口头表达	10	展示语言表达清晰，所用的语言符合企业综合服务人员应具备的职业水准，语气语调符合面向上级汇报的要求		
5	展示逻辑	10	整个展示的结构完整，逻辑清楚，重点清晰。每个部分的时间分配合理		
	合计	100			

学习任务三

企业所得税的税务筹划

学习情境

神州易桥（广州）科技有限公司致力于服务广州地区各类企业，为客户完成企业工商银行业务办理、会计核算、报表编制与分析、税费的计算与纳税申报以及税务筹划等财税工商业务。近日，该公司扩大规模，承接了多家客户企业的财税业务，业务量繁多，特别是处理税务筹划业务的工作人员严重短缺，现要求校企班级的学生迅速加入工作现场完成任务。

会计人员从神州易桥的税筹部门的经理手中领取各个客户企业的资料以及需要进行的企业所得税筹划任务，将客户平均分配给校企班级团队（约 4～5 人一组）。各团队根据客户资料和工作任务要求分析背景情况、获取重要信息，依据法律法规判断筹划方向，选择筹划方法，并根据企业所得税税务筹划方案做出处理，给出合理化建议，最后由部门经理做出审核。

学习目标

1. 能够分析企业的收入、支出结构，正确计算应纳税所得额。
2. 能够正确说出企业所得税各个计算项目中的政策标准。
3. 能够熟练地判断企业适用的所得税税率及优惠政策。
4. 能够运用合理合法的筹划方法，对小微企业进行税务筹划。
5. 能够通过企业所得税优惠政策对广告费、业务宣传费、利息费用等纳税调整项目进行合理地筹划。
6. 能够能过网络、书籍查阅最新的企业所得税政策。
7. 能够形成清晰的工作思路，有计划地进行学习任务。

建议学时

18 学时。

学习活动一　认知企业所得税

【学习目标】

1. 熟知企业所得税的计算原理
2. 熟知企业所得税的税率及优惠政策
3. 能够正确计算企业所得税

【建议学时】

2 学时。

企业所得税是对我国境内的企业和其他取得收入的组织的生产经营所得和其他所得征收的一种所得税。

【企业所得税筹划基础】

一、企业所得税的计算原理

（一）根据企业所得税的计算公式，思考企业所得税可以如何进行筹划。

企业所得税应纳税额=应纳税所得额×税率

（二）查阅资料，写出两种计算方法下应纳税所得额的计算公式。

1. 直接法

应纳税所得额=______________________________

2. 间接法

应纳税所得额=（__________）+（______________）-（____________________）

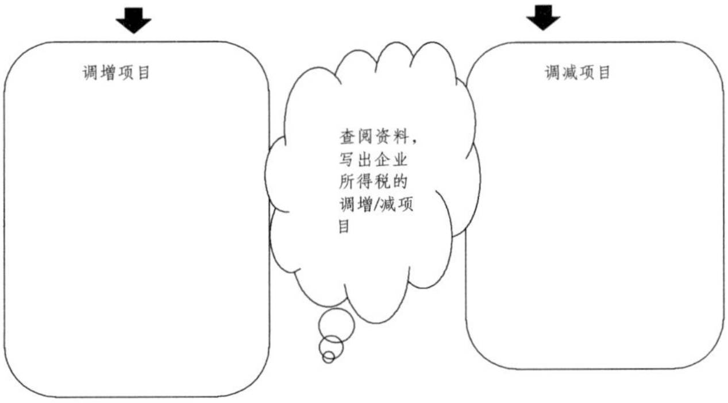

（三）查阅资料，了解企业所得税税率及优惠政策，补充表 3-1 与 3-2。

表 3-1　所得税适用对象及税率

适用对象	税率
居民企业	
在中国境内设立机构场所且取得所得与所设机构场所__________的非居民企业	
在中国境内未设立机构、场所的非居民企业	
虽设立机构、场所，但取得的所得与其所设机构、场所________的非居民企业	

表 3-2　所得税优惠适用对象及税率

优惠适用对象	优惠税率
执行 20%税率的非居民企业	
高新技术企业、技术先进型服务企业	
设在西部地区，以《鼓励类产业目录》项目为主营业务，主营业务收入占总收入 70%以上的企业	
小型微利企业	

二、工作任务：根据企业所得税的计算公式，完成以下任务。

甲公司 2020 年度利润总额（税前会计利润）为 1 980 万元，该公司为居民企业。公司全年实发工资、薪金为 200 万元，职工福利费 30 万元，工会经费 5 万元，职工教育经费 21 万元；经查，甲公司当年营业外支出中有 12 万元为税收滞纳罚金。假定公司全年无其他纳税调整因素，计算：

（1）纳税调整增加数=____

（2）纳税调整减少数=____

（3）应纳税所得额=____

（4）当期应交所得税额=_______________________________________

学习活动二　小微企业的税务筹划

【学习目标】

1. 熟知小微企业的判断标准。
2. 能够正确计算小微企业的企业所得税。
3. 熟悉小微企业税收优惠政策，并合理运用于企业的税务筹划。

【建议学时】

4 学时。

【政策学习】

根据《中华人民共和国中小企业促进法》和《国务院关于进一步促进中小企业发展的若干意见》（国发〔2009〕36 号）规定，中小企业划分为中型、小型、微型三种类型，具体标准根据企业从业人员、营业收入、资产总额等指标，结合行业特点制定。

随着国家针对小微企业一系列优惠政策的出台，在企业所得税、增值税、资源税、印花税等各方面给予了小微利企业极大的政策支持。

一、根据内容提示，查阅资料，补充相关内容。

1. 小微企业标准

小型微利企业是指从事国家非限制和禁止行业，且同时符合以下三个条件的企业：

（1）年度应纳税所得额不超过______万元；

（2）从业人数不超过_______人；

（3）资产总额不超过_______万元。

2. 小微企业优惠政策

自 2019 年 1 月 1 日至 2021 年 12 月 31 日，小微企业年应纳税所得额不超过_______万元的部分，减按_______计入应纳税所得额；超过_______万元但不超过______元的部分，减按______计入应纳税所得额，按______的税率缴纳企业所得税。

二、根据下列资料，完成计算，并分析对比一般纳税人与小微企业企业所得税纳税情况。

华胜企业 2020 年的应纳税所得额为 290 万元。

假设华胜企业是一般纳税企业，应纳所得税额=____________；

假如华胜企业符合小型微利企业标准，应纳所得税额=____________。

对比分析：________ 比__________ 多/少纳企业所得税__________ 万元。

【税务筹划思路】

综上所述，企业应根据国家的政策提前对自己公司的从业人数、资产总额、应纳税所得额进行合理的筹划，对于处于纳税临界点的企业，合理合法地进行控制。

【税务筹划任务】

【工作任务 1】2020 年度，DD 公司主要经营商品批发，并有自己的运输队承接商品运输，2020 年度预计实现应纳税所得额 380 万元，其中预计批发所得额为 260 万元、运输所得额 120 万元。企业有职工人数 320 人，资产总额为 6000 万。

1. 根据资料，计算 DD 企业 2020 年预计应纳企业所得税额。

2. 筹划分析。

DD 公司的员工从业人数、资产总额等都超过了小微企业的标准。鉴于商品批发业务与运输业务相对独立，可根据业务将 DD 公司进行分立，分别注册为独立核算的子公司。

根据小型企业标准对 DD 公司进行资产、从业人员等进行划分，请填写表 3-3。

表 3-3 DD 公司划分情况

条件	商品批发子公司	运输子公司
资产总额	______万元	______万元
公司规模	_______人	_______人
所得额	______万元	______万元
是否符合小微标准		

3. 应纳企业所得税额计算。

商品批发子公司 2020 年预计应纳企业所得税额=______________________________

运输子公司 2020 年预计应纳企业所得税额= ____________________________

总公司应纳企业所得税额合计=_________________

4. 对比分析

_________ 比___________ 多/少纳企业所得税_______________ 万元。

【温馨提示】

通过分立子公司的方式进行筹划的，除了考虑企业所得税的优惠，还应考虑分立公司的运营成本，合理测算，以免得不偿失。

【工作任务 2】EE 公司资产总额 3 000 万元，公司从业人员 130 人，截至 2020 年 11 月 30 日，已实现利润约 270 万元。预计 12 月份将会获得利润 20 万元，销售部接到客户紧急订单，利润大约 25 万元。公司经理考虑企业所得税纳税情况，请神州易桥财务人员进行测算，以做决策。

1. 根据资料，完成表 3-4 的计算对比。

表 3-4　不同决策的对比

方案	应纳税所得额	是否符合小型微利企业标准	税率	应纳所得税额	税后利润
接订单	315	否	25%		
不接订单	290				

2. 对比分析

接订单比不接订单多/少纳企业所得税________________ 万元。

为维护客户关系，公司决定接下该订单，请财务进行筹划，在接下订单的同时避免企业所得税大幅度提高。

3. 筹划分析

财务结合公司 2021 年的工作计划，提出将下一年 1 月份采购计划中的一批价值 20 万的计算机提前到 2020 年 11 月份采购，并一次性折旧扣除。

【法律法规依据】

财税〔2018〕54 号：关于设备、器具（指除房屋、建筑物以外的固定资产）扣除有关企业所得税政策的通知：企业在 2018 年 1 月 1 日至 2020 年 12 月 31 日期间新购进的设备、器具，单位价值不超过 500 万元的，允许一次性计入当期成本费用在计算应纳税所得额时扣除，不再分年度计算折旧；

4. 计算并分析接受订单，并且采购机器进行一次性折旧扣除后，公司的应纳企业所得税额为＿＿＿＿＿＿＿＿＿＿＿＿＿＿＿＿＿＿＿＿＿＿＿＿＿。

6. 对比分析

采购比不采购＿多/少＿纳企业所得税＿＿＿＿＿＿＿＿＿ 万元。

学习活动三　加计扣除项目的税务筹划

【学习目标】

1. 熟知企业所得税的加计扣除项目。
2. 能够收集加计扣除的税收优惠政策。
3. 能够合理运用加计扣除税收优惠政策为企业进行税务筹划。

【建议学时】

2 学时。

加计扣除是指按照税法规定，在实际发生数额的基础上，再加成一定比例，作为计算应纳税所得额时的扣除数额的一种税收优惠措施。

【政策学习】

一、根据内容提示，查阅资料，补充相关内容。

1. 研发费用加计扣除政策。

企业开展研发活动中实际发生的研发费用，未形成无形资产计入当期损益的，在按规定据实扣除的基础上，在 2018 年 1 月 1 日至 2020 年 12 月 31 日期间，再按照实际发生额的________在税前加计扣除；形成无形资产的，在上述期间按照无形资产成本的________在税前摊销。

2. 残疾人员工资加计扣除政策。

《财政部、国家税务总局关于安置残疾人员就业有关企业所得税优惠政策问题的通知》（财税〔2009〕70 号）规定，企业安置残疾人员的，在按照支付给残疾职工工资据实扣除的基础上，可以在计算应纳税所得额时按照支付给残疾职工工资的______加计扣除。

【温馨提示】

研发费用加计扣除不适用以下行业：烟草制造业、住宿和餐饮业、批发和零售业、房地产业、租赁和商务服务业、娱乐业。

【税务筹划任务】

华胜公司为高新技术中小企业，适用 15%的企业所得税税率，2021 年度计划增加支出 1 000 万元用于新产品开发，增加职工工资支出 500 万元，为华胜公司提出筹划方案。

学习活动四 广告和业务宣传费的税务筹划

【学习目标】

1. 熟知企业所得税计算中广告及业务宣传费的扣除标准。
2. 能够合理运用政策，为超出扣除标准的广告和业务宣传费进行税务筹划。

【建议学时】

4学时。

广告费是指企业通过一定媒介和形式介绍自己所推销的商品或所提供的服务，而支付给广告经营者、发布者的费用。业务宣传费指除了广告费之外，企业为开展业务宣传活动所支付的费用，包括对外发放宣传品、业务宣传资料、展会支出，印有企业标志的礼品、纪念品、公关设计费，以及与产品宣传相关的食宿费、材料费、人工费、服装费、场地租赁费等。

业务招待费是指企业为生产、经营业务的合理需要而支付的应酬费用，一般包括业务洽谈、产品推销、对外联络、公关交往、会议接待、来宾接待等所发生的费用，是企业进行正常经营活动所必要的一项成本费用支出。

【政策学习】

一、根据内容提示，查阅资料，补充相关内容。

1. 广告和业务宣传费扣除标准

广告费与业务宣传费可实行合并扣除。发生的符合条件的广告费和业务宣传费支出，除国家财政、税收主管部门另有规定外，不超过当年____________的部分，准予扣除；超过部分，______在以后纳税年度结转扣除。

2. 业务招待、会议费扣除标准

根据《中华人民共和国企业所得税法实施条例》(中华人民共和国国务院令第512号）第四十三条：企业发生的与生产经营活动有关的业务招待费支出，按照发生额的扣除，但最高不得超过当年____________________。

【税务筹划任务】

【工作任务 1】华文公司生产并销售华文产品，2020 年度销售净收入 2 000 万元，企业当年广告费和业务宣传费 320 万元，业务招待费 50 万元。

1. 根据税收政策，计算：

业务招待费扣除限额= ____________________

广告费和业务宣传费扣除限额=____________________

纳税调整额=____________________

超出部分应纳所得税税额=____________________

公司经理请神州易桥财务人员针对扣除限制而产生的所得税提出合理的筹划方案。

2. 筹划分析：

对于限制扣除项目，可以通过提高扣除计算基数的方式提高限额。神州易桥财务人员提出第一个方案，华文公司分立专门的销售公司远科，华文将自产的产品以 1 700 万元销售给远科公司，再由远科公司以 2 000 万的价格对外销售，并将业务招待费、广告与业务宣传费在两个公司间进行合理划分。

3. 根据表 3-5 的分配情况，计算超出部分应纳所得税税额

表 3-5　费用分配情况　　　单位：万元

公司	销售收入	业务招待费分配		广告与业务宣传费分配		调整	超出部分应纳所得税税额
		分配额	扣除限额	分配额	扣除限额		
华文公司	1 700	32		200			
远科公司	2 000	18		100			
合计							

4. 分析对比

通过该方案，共节约企业所得税：____________________。

【温馨提示】

筹划风险：在确定交易价格时，要充分考虑企业综合成本费用，合理测算。如华文公司制定的售价过低，利润总额出现负数，那么就不能发挥方案一的抵税作用；而对于远科公司，采购成本较低，利润过高又会导致多缴企业所得税。

【工作任务 2】可力公司是零食制造企业，公司开发一款新的产品，预计年销售额 2 000 万元。推广部提出推广方案：将产品宣传推广外包给广告媒体公司，支付广告公司 320 万广告费。

1. 根据税收政策，算一算该产品的销售额与对应广告宣传费的纳税情况，并填写表 3-6。

表 3-6　相关纳税情况　　单位：万元

方案	销售收入	广告宣传费	调整额	应纳所得税税额
外包				

公司经理请神州易桥财务人员与推广部人员共同商讨，对产生的所得税提出合理的筹划方案。

2. 筹划分析

对于限制扣除项目，除了通过提高扣除计算基数的方式提高限额，还可以合法合理增加无扣除限制费用，如合理的工资薪金是无扣除限制的。通过分析广告宣传费年度累计支出情况，结合财务人员意见，推广部提出第二个方案：请广告公司制作视频与平面广告物料，支付广告公司 50 万元制作费。由推广部制订详细推广计划，通过劳务派遣公司聘请临时工 200 名，在各地超市、学校与商业广场进行为期一年的不定期宣传活动，预计支出劳务报酬 270 万，预计销售额仍为 2 000 万。

3. 完成表 3-7，计算不同方案下该产品的销售额与对应广告宣传费的纳税情况。

表 3-7　不同方案对应的纳税情况　　单位：万元

方案	销售收入	费用		调整	应纳所得税税额
		广告宣传费	劳务报酬支出		
外包					
自推					

4. 对比分析

外包方案比自推方案多/少纳企业所得税________________ 万元。

学习活动五 借款利息的税务筹划

【学习目标】

1. 熟知企业所得税计算中利息费用的扣除标准。
2. 能够合理规划筹资用途。
3. 正确筹划资金，对利息费用进行合理的税务筹划。

【建议学时】

2 学时。

企业筹集和使用资金，不论是短期的还是长期的，都存在一定的资金成本。筹资决策的目标不仅要求筹集到足够数额的资金，而且要使资金成本最低。由于不同筹资方案的税负轻重程度往往存在差异，这便为企业在筹资决策中运用税收筹划提供了可能。企业经营活动所需资金，通常可以通过从银行取得长期借款、发行债券、发行股票、融资租赁以及利用企业的保留盈余等途径取得。

一般情况下，各种融资方式的税收负担顺序是：企业自我积累>金融机构贷款>企业间拆借>企业内部集资。

【政策学习】

一、根据内容提示，查阅资料，补充相关内容。

1. 利息支出扣除规定

企业在生产经营活动中发生的下列利息支出，准予扣除：

（1）非金融企业向金融企业借款的利息支出、金融企业的各项存款利息支出和同业拆借利息支出、企业经批准发行债券的利息支出。

（2）非金融企业向非金融企业借款的利息支出，不超过按照金融企业同期同类贷款利率计算的数额的部分。

具体扣除标准见表 3-8。

表 3-8　利息支出扣除标准

借款方	出借方	扣除标准
非金融企业	金融企业	________
非金融企业	非金融企业	不超过金融企业________部分准予扣除

二、企业购建固定资产所产生的借款利息费用，应如何进行会计处理？

【温馨提示】

上述利息费用是指费用化的利息支出，如借款利息为资本化支出则应计入相应资产成本，以折旧或摊销方式扣除。

【税务筹划任务】

2020 年，ZZ 企业计划新增两条生产线，扩大生产力，准备从 2021 年 1 月 1 日开始筹集资金 5 000 万，其中 3 000 万用于构建生产线，生产线构建期从 2021 年 1 月 1 日至 2021 年 12 月 31 日结束。2 000 万用于日常经营。

ZZ 企业从银行借入为期 2 年的长期借款 3 500 万元，年利率 4.75%；其余 1 500 万元通过非金融机构借入，期限 2 年，年得率 10.25%。借款使用方案如表 3-9 所示。

表 3-9　借款方案一

	出借方	金额	用途
方案一	银行	3 500 万	3 000 万用于生产线构建，500 万用于日常经营
	非金融企业	1 500 万	用于日常经营

1. 计算利息费用

（1）计算从银行借款的利息费用，并分析该部分利息在税前的扣除额是多少。利息费用=________________________

允许税前扣除的利息=________________________

不允许税前扣除的利息=________________________

（2）计算从非金融机构借款的利息费用，并分析该部分利息在税前的扣除额

利息费用=________________________

允许税前扣除的利息=________________________

不允许税前扣除的利息=________________________

（3）计算 2021 年 ZZ 企业因该 5 000 万借款应多纳的企业所得税。

公司经理请神州易桥财务人员对2021年的借款利息所产生的所得税提出合理的筹划方案。

2. 筹划分析

该案例中可以针对借款的用途进行合理的筹划，通过重新组合，将银行借款大部分用于日常经营，日常经营部分所产生的利息可扣除；再将其余借款用于固定资产构建。财务人员提出方案如表3-10所示。

表3-10　借款方案二

	出借方	金额	用途
方案二	银行	3 500万	2 000万用于日常经营、1 500万用于生产线构建
	非金融企业	1 500万	用于生产线构建

3. 计算利息费用

（1）计算从银行借款的利息费用，并分析该部分利息在税前的扣除额是多少。利息费用=

允许税前扣除的利息=

不允许税前扣除的利息=

（2）计算从非金融机构借款的利息费用，并分析该部分利息在税前的扣除额是多少。

利息费用=

允许税前扣除的利息=

不允许税前扣除的利息=

（3）计算2021年ZZ企业因该5 000万借款应多纳的企业所得税。

4. 对比分析

方案一比方案二多/少纳企业所得税________________　万元。

学习活动六　企业捐赠的税务筹划

【学习目标】

1. 熟知企业所得税计算中捐赠费用的扣除标准及扣除条件。
2. 能够合理运用政策，为超出扣除标准的捐赠费用进行税务的筹划。

【建议学时】

2学时。

【政策学习】

一、根据内容提示，查阅资料，补充相关内容。

1. 公益性捐赠扣除标准。

企业发生的公益救济性捐赠，在年度利润总额_____以内的部分，准予在计算应纳税所得额时扣除。超过年度利润总额12%部分，准予结转以后“_____”内在计算应纳所得额时扣除。

2. 公益性捐赠界定标准。

《中华人民共和国企业所得税法实施条例》第五十一条：“企业所得税法第九条所称公益性捐赠，是指企业通过________社会组织或者____级以上人民政府及其部门，用于符合《中华人民共和国公益事业捐赠法》规定的__________________捐赠。”

3. 公益性组织认定标准

《中华人民共和国企业所得税法实施条例》第五十二条：“本条例第五十一条所称公益性社会组织，是指同时符合下列条件的基金会慈善组织等社会团体：

（一）依法登记，具有法人资格；

（二）以发展公益事业为宗旨，且不以营利为目的；

（三）全部资产及其增值为该法人所有；

（四）收益和营运结余主要用于符合该法人设立目的的事业；

（五）终止后的剩余财产不归属任何个人或者营利组织；

（六）不经营与其设立目的无关的业务；

（七）有健全的财务会计制度；

（八）捐赠者不以任何形式参与该法人财产的分配；

（九）国务院财政、税务主管部门会同国务院民政部门等登记管理部门规定的其他条件。”

4. 符合扣除条件的公益性组织。

财税〔2010〕45 号规定，对获得公益性捐赠税前扣除资格的公益性社会团体，由财政部、国家税务总局和民政部以及省、自治区、直辖市、计划单列市财政、税务和民政部门每年分别联合公布名单。

每年公布继续获得和新获得资格的名单。当年未公布的，即未取得资格。仅在公布所列明的年度内有效。2020 年部分获得资格的群众团体如图 3-1 所示。

中国红十字会总会　中华全国总工会　中国宋庆龄基金会　中国国际人才交流基金会

图 3-1　2020 年度符合公益性捐赠税前扣除资格的群众团体

【税务筹划任务】

【工作任务 1】北凌资产总额 1 000 万元，公司人数 120 人，2020 年利润总额为 340 万元，该企业是一般纳税人，企业所得税率为 25%，2020 计划通过中国红十字会总会向贫困地区学校捐赠 40 万元。

公司经理请财务人员测算捐赠对企业所得税纳税情况的影响。请填写表 3-11。

表 3-11　捐赠对所得税纳税的影响

方案	利润总额	是否小微企业	应纳税所得额	税率	所得税
捐赠前					
捐赠后					

对比分析：捐赠前比捐赠后多/少纳企业所得税________________ 万元。

【工作任务 2】华升企业资产总额 1 400 万元，公司人数 150 人，2020 年利润为 360 万元，计划对外捐赠 60 万元，捐赠方案一：通过中国红十字会总会向当地学校捐赠 60 万元。

1. 公司经理请财务人员测算捐赠对企业所得税纳税情况的影响。请填写表 3-12。

公益性捐赠扣除限额= ____

表 3-12　捐赠对所得税纳税的影响

方案	利润总额	是否小微企业	应纳税所得额	税率	所得税
捐赠前					
向红十字会捐赠 60 万					

由于 60 万已超出公益性捐赠扣除限额，在扣除捐赠费用后，公司仍然不符合小型微利企业标准，公司经理请财务人员分析并提出合理的筹划方案

3. 筹划分析

在企业所得税税前扣除项目中，如企业发生符合条件的扶贫捐赠支出，不计入公益性捐赠支出限额。公司可以该政策为思路，进行合理筹划。

【法律法规】

《财政部、税务总局、国务院扶贫办关于企业扶贫捐赠所得税税前扣除政策的公告》(财政部、税务总局、国务院扶贫办公告 2019 年第 49 号）规定：

一、自 2019 年 1 月 1 日至 2022 年 12 月 31 日，企业通过公益性社会组织或者县级（含县级）以上人民政府及其组成部门和直属机构，用于目标脱贫地区的扶贫捐赠支出，准予在计算企业所得税应纳税所得额时据实扣除。在政策执行期限内，目标脱贫地区实现脱贫的，可继续适用上述政策。

"目标脱贫地区"包括 832 个国家扶贫开发工作重点县、集中连片特困地区县（新疆阿克苏地区 6 县 1 市享受片区政策）和建档立卡贫困村。且企业在 2015 年 1 月 1 日至 2018 年 12 月 31 日期间已发生的符合上述条件的扶贫捐赠支出，尚未在计算企业所得税所得额时扣除的部分，可执行上述政策。

二、企业同时发生扶贫捐赠支出和其他公益性捐赠支出，在计算公益性捐赠支出年度扣除限额时，符合上述条件的扶贫捐赠支出不计算在内。

财务人员根据政策提出捐赠方案二：通过中国红十字会总会向当地学校捐赠 40 万元，通过政府部门向目标脱贫地区捐赠 20 万元。

4. 根据财务人员的筹划方案，计算分析企业所得税，并填写表 3-13。

公益性捐赠扣除限额：________________

2020 年应纳税所得额：________________

表 3-13　不同方案所得税纳税情况

方案	利润总额	是否小微企业	应纳税所得额	税率	所得税
方案一					
方案二					

5. 对比分析

方案一比方案二多/少纳企业所得税________________万元。

学习活动七 接受任务考核

【学习目标】

完成企业所得税的税务筹划，提交部门经理审核。

【建议学时】

2 学时。

【考核内容】

现在接到以下客户的企业所得税税筹需求，请大家按团队完成以下工作任务。

【考核任务】

【考核任务 1】海味公司从事食品加工销售，销售渠道主要分布在广东省及河北省，企业所得税税率 25%，2020 年企业将有一款新产品上市，广东省销售收入预计 7 000 万元，河北省销售收入预计 1 000 万元，预计广告费支出 1 500 万元。公司有以下两个方案：方案一，按原来的经营，产品销售收入统一核算；方案二，在广东设立独立核算的销售公司，新公司场地、人员工资等相关费用 30 万元，在河北投入广告费 500 万元、广东投入广告费 1 000 万元，其中由原公司以 6 000 万元的售价将产品销售给广东的销售公司，销售公司再以 7 000 万元的价格对外销售。请计算分析两个方案广告费支出应纳的企业所得税，并提出筹划方案。

【考核任务 2】A 公司从事商品销售，在广州市设立了两个独立的门市部，经测算，本年税前利润约 160 万元，假设不存在应纳税所得额调整项目。公司总资产 600 万元，门市一部税前利润 95 万，员工 60 人；门市二部税前利润 65 万，员工 75 人。请计算 A 公司的应纳所得税额，并为其提出纳税筹划方案。

【考核任务 3】甲企业是设在境内的一个技术开发企业，在 2020 年度向乙公司转让一项技术，金额 700 万元，转让价款当年全部收到。计算甲企业技术转让应纳的企业所得额，并提出筹划方案。

【考核任务 4】丰乐企业 2020 年度预计可实现会计利润 1 000 万元，假设不存在其他纳税调整事项，企业所得税税率为 25%。企业为提高品牌口碑及社会影响力，树立良好的社会形象，计划对外捐赠 200 万元。企业自身提出两种方案；方案一，公司直接向接受捐助的贫困家庭捐赠；方案二，通过境内非营利性社会团体、国家机关进行公益性捐赠，并且在当年全部捐赠。计算分析两套方案下企业应纳企业所得税，并提出筹划方案。

评价反馈

一、请填写以下过程评价表表 3-14。

表 3-14　任务过程评价表

班级：　　　　　　　　　　　　　　　　　　　　　　任务名称：

被评价者姓名：

<table>
<tr><td rowspan="4">评价标准</td><td rowspan="4">分数分配</td><td colspan="4">小组评价</td><td colspan="4">教师评价</td><td rowspan="4">备注</td></tr>
<tr><td>优秀</td><td>良好</td><td>中</td><td>差</td><td>优秀</td><td>良好</td><td>中</td><td>差</td></tr>
<tr><td>14~15</td><td>11~13</td><td>9~12</td><td>0~8</td><td>14~15</td><td>11~13</td><td>9~12</td><td>0~8</td></tr>
<tr><td>18~20</td><td>15~18</td><td>12~14</td><td>0~11</td><td>18~20</td><td>15~18</td><td>12~14</td><td>0~11</td></tr>
<tr><td>整个任务过程符合教师提出的、校企合作企业规章制度所明确的任务规范。任务流程中的着装、语言和行为符合职业规范</td><td>15</td><td></td><td></td><td></td><td></td><td></td><td></td><td></td><td></td><td></td></tr>
<tr><td>能独立完成任务内容，能竭尽全力解决遇到的困难，以认真负责的态度保证任务的质量</td><td>15</td><td></td><td></td><td></td><td></td><td></td><td></td><td></td><td></td><td></td></tr>
<tr><td>在每个任务活动中，能主动与教师或其他同学就任务的进展和工作的思路进行交流。认真聆听其他同学和老师的意见</td><td>15</td><td></td><td></td><td></td><td></td><td></td><td></td><td></td><td></td><td></td></tr>
<tr><td>在任务的过程中，能熟练灵活地运用各种学习和工作资源。在向其他组员和教师求助之前，能够先利用并穷尽教材、学材等资源</td><td>20</td><td></td><td></td><td></td><td></td><td></td><td></td><td></td><td></td><td></td></tr>
<tr><td>能察觉任务中出现的困难或错误，提出并实践不同的改善方案，直至解决问题</td><td>20</td><td></td><td></td><td></td><td></td><td></td><td></td><td></td><td></td><td></td></tr>
<tr><td>在整个任务过程中不浪费包括时间在内的资源和耗材，使得整个任务过程是环境友好并且有效率的</td><td>15</td><td></td><td></td><td></td><td></td><td></td><td></td><td></td><td></td><td></td></tr>
<tr><td>小计</td><td>100</td><td></td><td></td><td></td><td></td><td></td><td></td><td></td><td></td><td></td></tr>
<tr><td colspan="2">总分</td><td colspan="4"></td><td colspan="4"></td><td></td></tr>
</table>

二、请填写以下的任务成果评价表 3-15。

表 3-15　企业所得税的税务筹划评价表

班级：　　　　　　　　　　　　　　　　　　　　　　　　被评价者姓名：

任务名称：

序号	项目	配分	评分标准	扣分	扣分说明
1	政策搜寻	20	有效利用资源对每个任务涉及的政策、法令进行收集。缺少一项扣 5 分		
2	政策运用	30	错误运用政策法规的，一次扣 5 分		
3	税负计算	30	因为计算导致错误的每次扣 3 分，因为错用政策的每次扣 5 分		
4	口头表达	10	展示语言表达清晰，所用的语言符合企业综合服务人员应具备的职业水准，语气语调符合面向上级汇报的要求		
5	展示逻辑	10	整个展示的结构完整，逻辑清楚，重点清晰。每个部分的时间分配合理		
	合计	100			

三、请利用空白页撰写总结。总结的内容应包括自身在任务过程中知识技能的成长、方法能力的提升、值得肯定的优点、需要改进的不足等。

学习任务四

个人所得税的税务筹划

学习情境

神州易桥（广州）科技有限公司开拓了网络咨询服务，为客户进行个人所得税纳税筹划咨询。校企双制班学生在完成纳税筹划业务培训后，协助公司完成线上咨询业务。

会计人员根据神州易桥线上部门的工作任务分配，与客户进行沟通，为客户量身定制合理有效的个税筹划方案。各团队根据客户资料和工作任务要求分析背景情况、获取重要信息，依据法律法规判断筹划方向，选择筹划方法，并根据个人所得税筹划方案做出处理，给出合理化建议，编制税筹方案交由部门经理审核。

学习目标

1. 能够正确划分个人所得税各项所得，并正确计算应纳税所得额。
2. 能够正确说出个人所得税各项所得的政策标准。
3. 能够熟练地判断个人所得的税率及优惠政策。
4. 能够运用合理合法的筹划方法，对居民与非居民、经营主体身份进行纳税筹划。
5. 能够通过企业所得税相关政策对年终奖、劳务报酬、稿酬等个人所得税项目进行合理地筹划。
6. 能够能过网络、书籍查阅更新最新的个人所得税政策。
7. 能够形成清晰的工作思路，有计划地进行学习任务。

建议学时

18 学时。

学习活动一 非居民纳税人身份的税务筹划

【学习目标】

1. 熟知居民纳税人与非居民纳税人判断标准。
2. 能够正确计算居民纳税人与非居民纳税人的应纳个人所得税额。
3. 能够合理运用政策，为纳税人的身份选择进行税务筹划。

【建议学时】

2 学时。

我国个人所得税法将纳税人分为居民纳税人和非居民纳税人。前者负无限纳税义务，后者负有限纳税义务。因此，纳税人在特定情况下，可以利用居民与非居民纳税人的界定标准进行合理筹划。

【政策学习】

一、阅读中华人民共和国个人所得税法关于纳税人的相关规定，完成表 4-1。

表 4-1 纳税人划分标准及相应义务

纳税人	判定标准	纳税义务
居民	有住所	纳税义务
	无住所而“________”在中国境内居住“________”	
非居民	无住所又不居住	纳税义务
	无住所而“________”在中国境内居住“________”	

二、查阅资料，根据表 4-2 分析整理中国境内无住所纳税人的纳税义务。

表 4-2 中国境内无住所纳税人的纳税义务

<table>
<tr><th rowspan="2">居住天数</th><th rowspan="2" colspan="2">连续年度</th><th colspan="2">境外所得</th><th colspan="2">境内所得</th></tr>
<tr><th>境外支付</th><th>境内支付</th><th>境外支付</th><th>境内支付</th></tr>
<tr><td>连续或累计不超过 90 天</td><td colspan="2"></td><td></td><td></td><td></td><td></td></tr>
<tr><td>连续或累计超过 90 天但不满 183 天</td><td colspan="2"></td><td></td><td></td><td></td><td></td></tr>
<tr><td rowspan="3">累计满 183 天</td><td colspan="2">不满______年</td><td></td><td></td><td></td><td></td></tr>
<tr><td rowspan="2">满__年</td><td>存在单次离境超过 30 天</td><td></td><td></td><td></td><td></td></tr>
<tr><td>不存在单次离境超过 30 天</td><td></td><td></td><td></td><td></td></tr>
</table>

【任务引入】英国人肯迪于 2020 年 11 月 1 日被加拿大母公司派往中国工作 8 年，每年其均在 6 月回国探亲 20 天，12 月返回加拿大母公司述职 25 天，2028 年 12 月 1 日返回英国工作。（假设英国与我国没有相关税收协定）

1. 2020 年度他是否为居民个人？

2. 2021 年度他是否为居民个人？

3. 2020 年 12 月，肯迪取得四项收入：

① 在加拿大出版图书取得的稿酬；

② 12 月回加拿大述职期间由中国子公司发放的工资；

③ 12 月中国境内供职期间由加拿大母公司支付的出差补贴；

④ 12 月中国境内供职期间由中国子公司支付的现金形式的住房补贴。

其应当如何缴纳个人所得税？请填写表 4-3。

表 4-3 2020 年应缴纳个税情况

收入项目	境外所得		境内所得		个税缴纳情况
	境外支付	境内支付	境外支付	境内支付	
①					
②					
③					
④					

4. 2021 年 12 月，肯迪取得四项收入：

① 在加拿大出版图书取得的稿酬；

② 12 月回加拿大述职期间由中国子公司发放的工资；
③ 12 月境内供职期间由加拿大母公司支付的出差补贴；
④ 12 月境内供职期间由中国子公司支付的现金形式的住房补贴。
其应当如何缴纳个人所得税？请填写表 4-4。

表 4-4 2021 年应缴纳个税情况

收入项目	境外所得		境内所得		个税缴纳情况
	境外支付	境内支付	境外支付	境内支付	
①					
②					
③					
④					

5. 2026 年 12 月，肯迪取得四项收入：
① 在加拿大出版图书取得的稿酬；
② 12 月回加拿大述职期间由中国子公司发放的工资；
③ 12 月境内供职期间由加拿大母公司支付的出差补贴；
④ 12 月境内供职期间由中国子公司支付的现金形式的住房补贴。
其应当如何缴纳个人所得税？请填写表 4-5。

表 4-5 2026 年应缴纳个税情况

收入项目	境外所得		境内所得		个税缴纳情况
	境外支付	境内支付	境外支付	境内支付	
①					
②					
③					
④					

【税务筹划任务】

【工作任务 1】乔治先生是美国居民，受雇于某外资集团公司。公司每年外派乔治先生到中国工作一年半，原计划时间是 2020 年 1 月 1 日来中国并于 2021 年 5 月 30 日回美国。为了避免成为中国的居民纳税人，乔治先生由于不了解中国的个人所得税相关规定，咨询神州易桥业务人员，请为他做好行程规划。

【工作任务 2】法国人莱斯受雇于某国际连锁超市总部。2015 年 4 月起，他到中国分支机构就职，2020 年度法国总部支付给他 120 000 元人民币，2020 年度有以下两个离境回国的计划：

（1）离境 60 天回总部述职；

（2）离境两次：一次离境 52 天回总部述职，一次离境 42 天回国探亲。

请为他做好行程规划。

学习活动二　经营主体选择的税务筹划

【学习目标】

1. 熟知企业所得税与个人所得税的纳税主体。
2. 能够正确计算个人独资企业、合伙企业的应纳个人所得税额。
3. 根据政策，合理选择经营主体身份，筹划最佳的税务筹划方案。

【建议学时】

2 学时。

【政策学习】

根据内容提示，查阅资料，补充相关内容。

一、下列各项个人所得，应当缴纳个人所得税：

（一）____________________；

（二）劳务报酬所得；

（三）____________________；

（四）特许权使用费所得；

（五）经营所得；

（六）______________________；

（七）财产租赁所得；

（八）______________________；

（九）偶然所得。

居民个人取得前款第___项至第___项所得（以下称__________），按__________

合并计算个人所得税；非居民个人取得前款第一项至第四项所得，按月或者按次分项计算个人所得税。纳税人取得前款第___项至第___项所得，依照本法规定分别计算个人所得税。

（一）综合所得，适用百分之___至百分之__________的超额累进税率；

（二）经营所得，适用百分之___至百分之__________的超额累进税率；

（三）_______、股息、__________，财产租赁所得，财产转让所得和偶然所得，适用比例税率，税率为百分之______。

各项应纳税额的计算方法：

（一）居民个人的综合所得，以每一纳税年度的收入额减除费用_________以及专项扣除、专项附加扣除和依法确定的其他扣除后的余额，为应纳税所得额。

（二）经营所得，以每一纳税年度的收入总额减除成本、费用以及______后的余额，为应纳税所得额。

二、对_____________的个人投资者或其家庭成员取得的上述所得，视为企业对个人投资者的利润分配，按照“____________”项目计征个人所得税。

三、取得经营所得的个人，没有_________的，计算其每一纳税年度的应纳税所得额时，应当减除费用_________、_________、专项附加扣除以及依法确定的其他扣除。

注意：同一纳税人在同一纳税年度中既有查账征收的经营所得又有综合所得的，应在_________计税时减除费用6万元，不再在_________计税时减除。

四、个人所得税税率见表4-6（经营所得适用）

表4-6　个人所得税税率

级数	全年应纳税所得额	税率（%）	速算扣除数
1	不超过30 000元的	5	0
2	超过30 000元至90 000元的部分	10	1 500
3	超过90 000元至300 000元的部分	20	10 500
4	超过300 000元至500 000元的部分	30	40 500
5	超过500 000元的部分	35	65 500

【税务筹划任务】

【工作任务1】2019年，王先生个人创办了一家个人独资企业，其妻子以员工的身份每月领取5 000元的工资，2019年度该企业总收入为40万元，各项成本、费用、损失合计10万元（不包括妻子工资），不考虑其他支出。

1. 计算王先生家庭应缴纳的个人所得税额。

王先生咨询神州易桥财务人员，对其家庭个人所得税提出合理的筹划方案。

2. 筹划分析。

在不考虑其他因素，从税负角度出发，个体工商户、个人独资企业、合伙企业中，一般情况下合伙企业税负较低。王先生可考虑将其个人独资企业改成夫妻二人各占50%份额的合伙企业，以达到降低税负的目的。

3. 计算各占 50%的合伙企业方案下，2019 年王先生的家庭个人所得税缴纳情况。

4. 对比分析

个人独资企业比合伙企业多/少纳企业所得税__________ 万元。

【工作任务 2】王先生创办了一家个人独资企业，主要经营销售商品和加工、修理两项业务。王先生负责销售，王夫人负责加工、修理。2020 年预计实现销售纯收入 8 万元，取得加工、修理纯收入 7 万元。

计算该独资企业 2020 年应缴纳的个人所得税，并为其提出合理的筹划方案。

学习活动三　年终奖发放的税务筹划

【学习目标】

1. 熟知全年一次奖金的内容。
2. 正确计算全年一次奖金的应纳个人所得税额。
3. 运用相关纳税政策，合理筹划全年一次性奖金的发放方式与金额。

【建议学时】

4 学时。

全年一次性奖金是指行政机关、企事业单位等扣缴义务人根据其全年经济效益和对雇员全年工作业绩的综合考核情况，向雇员发放的一次性奖金。

上述奖金也包括年终加薪、实行年薪制和绩效工资办法的单位根据考核情况兑现的年薪和绩效工资。

【政策学习】

居民个人取得全年一次性奖金，符合《国家税务总局关于调整个人取得全年一次性奖金等计算征收个人所得税方法问题的通知》（国税发〔2005〕9 号）规定的，在 2021 年 12 月 31 日前，________当年综合所得，以全年一次性奖金收入除以 12 个月得到的数额，按照月度税率表，确定适用税率和速算扣除数，___独计算纳税。

居民个人取得全年一次性奖金，也可以选择并入当年综合所得计算纳税。

自 2022 年 1 月 1 日起，居民个人取得全年一次性奖金，应并入当年综合所得计算缴纳个人所得税。

适用“综合所得”个人所得税税率见表 4-7。

表 4-7　适用“综合所得”个人所得税税率表（按月）

级数	全“月”（或次）应纳税所得额	税率	速算扣除数/元
1	不超过 3 000 元的	3%	0
2	超过 3 000 元至 12 000 元的部分	10%	210

续表

级数	全“月”（或次）应纳税所得额	税率	速算扣除数/元
3	超过 12 000 元至 25 000 元的部分	20%	1 410
4	超过 25 000 元至 35 000 元的部分	25%	2 660
5	超过 35 000 元至 55 000 元的部分	30%	4 410
6	超过 55 000 元至 80 000 元的部分	35%	7 160
7	超过 80 000 元的部分	45%	15 160

【税务筹划任务】

【工作任务 1】林先生任职于某房地产公司，2020 年每月平均发放工资 6 000 元，允许扣除的社保等专项扣除费用 500 元、每月专项附加扣除 3 000 元；2020 年 12 月取得全年一次性奖金 36 000 元，林先生咨询神州易桥公司业务人员关于年终奖是否并入综合所得。

1. 年终奖不并入综合所得，计算林先生 2020 年个人所得税缴纳情况。

2. 年终奖并入综合所得，计算林先生 2020 年个人所得税缴纳情况。

3. 对比分析：并入比不并入 多/少 缴纳个人所得税________________万元。

【工作任务 2】2020 年，黄先生准备入职一家新企业，待遇是年薪 36 万，2020 年预计每个月可扣除的基本养老保险、基本医疗保险、失业保险和住房公积金共计为 3 000 元，专项扣除额每月合计为 5 000 元。公司有以下两个薪酬发放方案：

方案一：按 3 万元/月发放工资。

方案二：按 1.8 万元/月发放工资，剩余 14.4 万元于 12 月作为年终奖一次性发放。

在不考虑货币时间价值下，从个税筹划的角度为黄先生分析选择方案。

方案一个税缴纳情况：

方案二个税缴纳情况：

对比分析：方案一比方案二多/少缴纳个人所得税________________ 万元。

【拓展训练 1】

全年一次性奖金不并入当年的综合所得计算个人所得税时，如何回避年终奖“雷区”？

完成并分析表 4-8，找出一级税率中的全年一次性奖金发放临界点。

表 4-8 一级税率中全年一次性奖金发放情况

应发实发全年一次性奖金	全月应纳税所得额	税率	速算扣除数	应纳个人所得税额	实发全年一次性奖金
36 000					
36 001					
38 000					
38 567					

通过上表分析，企业在发放全年一次性奖金时，应尽量避免________至__________的金额区间。

【拓展训练 2】

使用电子表格（见表 4-9）设置公式进行计算，找出不同级数税率下，全年一次性奖金的“雷区”。

表 4-9　不同级数税率全年奖金纳税情况

级数	全“月”（或次）应纳税所得额	税率	速算扣除数/元	全年一次性奖金雷区	
				上限	下限
1	不超过 3 000 元的	3%	0		
2	超过 3 000 元至 12 000 元的部分	10%	210		
3	超过 12 000 元至 25 000 元的部分	20%	1 410		
4	超过 25 000 元至 35 000 元的部分	25%	2 660		
5	超过 35 000 元至 55 000 元的部分	30%	4 410		
6	超过 55 000 元至 80 000 元的部分	35%	7 160		
7	超过 80 000 元的部分	45%	15 160		

【政策链接】

在一个纳税年度内，对每一个纳税人，一次性奖金的应纳税额计算方法只能使用一次，雇员取得的除全年一次性奖金以外的其他各种名目的奖金，如半年奖、季度奖、加班奖、先进奖、考勤奖等，一律与当月工资、薪金收入合并，按税法规定缴纳个人所得税。

居民个人取得股票期权、股票增值权、限制性股票、股权奖励等股权激励符合相关规定的，在 2021 年 12 月 31 日前，不并入当年综合所得，全额单独适用综合所得税率表，计算纳税。计算公式为：应纳税额=股权激励收入×适用税率-速算扣除数

如果居民个人在一个纳税年度内取得两次以上（含两次）股权激励的，合并按照上面的公式计算应纳税额。

学习活动四　劳务报酬的税务筹划

【学习目标】

1. 正确计算劳务报酬的应纳个人所得税额。
2. 能够运用政策，合理筹划劳务报酬的发放方式与金额。

【建议学时】

4 学时。

劳务报酬所得，是指个人从事劳务取得的所得，包括从事设计、装潢、安装、制图、化验、测试、医疗、法律、会计、咨询、讲学、翻译、审稿、书画、雕刻、影视、录音、录像、演出、表演、广告、展览、技术服务、介绍服务、经纪服务、代办服务以及其他劳务取得的所得。

【政策学习】

一、根据内容提示，查阅资料，补充相关内容。

劳务报酬所得、稿酬所得、特许权使用费所得，属于一次性收入的，以取得该项收入为一次；属于同一项目连续性收入的，以 ________取得的收入为一次。

劳务报酬所得、稿酬所得、特许权使用费所得以收入减除费用后的余额为收入额。其中，稿酬所得的收入额减按百分之七十计算。

减除费用：劳务报酬所得、稿酬所得、特许权使用费所得每次收入不超过____，减除费用按______元计算；每次收入四千元以上的，减除费用按百分之______计算。

应纳税所得额：劳务报酬所得、稿酬所得、特许权使用费所得，以每次收入额为预扣预缴应纳税所得额。

劳务报酬所得应预扣预缴税额=预扣预缴应纳税所得额×预扣率−速算扣除数

表 4-10　个人所得税预扣率表（居民个人劳务报酬所得预扣预缴适用）

级数	全“月”（或次）应纳税所得额	预扣率	速算扣除数/元
1	不超过 20 000 元的	20%	0
2	超过 20 000 元至 50 000 元的部分	30%	2 000
3	超过 50 000 元的部分	40%	7 000

【引导任务 1】中国居民吴先生 2020 年内共取得 4 次劳务报酬，分别为 3 000 元，22 000 元，30 000 元，100 000 元。计算各次应预缴纳的所得税税额。

劳务报酬所得由支付单位预扣预缴个人所得税，年末将该项收入计入综合所得自行汇算清缴申报个人所得税。

非居民个人的工资、薪金所得，以每月收入额减除费用五千元后的余额为应纳税所得额；劳务报酬所得、稿酬所得、特许权使用费所得，以每次收入额为应纳税所得额，适用按月换算后的非居民个人月度税率表计算应纳税额。

其中，劳务报酬所得、稿酬所得、特许权使用费所得以收入减除________的费用后的余额为收入额。稿酬所得的收入额减按百分之七十计算。

【引导任务 2】上例王先生 2020 年度综合所得应纳税所得额 20 万元（已包括上例四次劳务报酬，共计 155 000 元），2021 年 3 月 1 日至 6 月 30 日，王先生将办理 2020 年度个税汇算清缴，请计算应纳所得税额。

【税务筹划任务】

【工作任务 1】何先生是著名的书法家，某高校聘请何先生到校开展书法培训。高校支付何先生课酬 600 000 元，交通、住宿、餐饮均由何先生自理，假设每次讲座的交通费、住宿费、餐饮费等必要费用为 10 000 元。

1. 计算邀请高校预缴的劳务报酬个人所得税额。

何先生就该培训课酬纳税情况咨询神州易桥财务人员合理的筹划方案。

2. 筹划分析。

对于固定数额与固定比例的扣除情形下导致劳务报酬税负较高的，纳税人在取得劳务报酬时应尽量将各项成本转移至被服务单位，以降低劳务报酬收入额，从而降低税负。神州易桥财务人员提出何先生自负的 10 000 元各类费用无法税前扣除，起不到抵税的作用。建议邀请单位支付课酬降至 50 000 元，但各种费用均由邀请单位负担。

3. 计算筹划方案下的劳务报酬个人所得税额。

4. 对比分析

筹划前比筹划后 多/少 预缴个人所得税________________ 万元。

【工作任务 2】袁先生为某高校设计老师，2020 年度为某公司担任设计顾问，合同约定了两种支付方案：方案一，甲公司在 2019 年一次性向袁先生支付全年顾问费 6 万元；方案二，甲公司在 2019 年分 12 次向袁先生支付全年顾问费，每次为 5 000 元。假设袁先生 2019 年度综合所得应纳税所得额（已经计算该 6 万元顾问费）为 10 万元，除该顾问费以外，尚未预缴税款。请提出筹划方案。

【工作任务 3】孙先生为某大学教授，其收入主要为所在大学的工资以及在某培训机构讲课的课酬。2019 年度，其所在大学发放工资总额为 20 万元，不考虑其他收入，由此计算的综合所得应纳税所得额为 3.6 万元。培训机构每月支付孙先生课酬 8 万元，如考虑该课酬，孙先生 2019 年度的综合所得应纳税所得额将提高至 80.4 万元。

1. 计算孙先生劳务报酬个人所得税额。

孙先生咨询神州易桥财务人员对其个人所得税缴纳情况提出合理的筹划方案。

2. 筹划分析。

对于劳务报酬收入较高的个人，可考虑成立小规模公司，国家对增值税小规模纳税人、小型微利企业均有相关的税收优惠政策。可充分利用优惠政策进行合理筹划。神州易桥建议孙先生成立甲公司，每月向培训机构开具 8 万元培训费发票，以公司名义取得 8 万元收入。

3. 计算筹划方案下的各项税费缴纳情况。

4. 对比分析

筹划前比筹划后 多/少 缴纳税费共________________ 万元。

学习活动五 稿酬的税务筹划

【学习目标】

1. 能够正确计算稿酬的应纳个人所得税额。
2. 能够运用政策，合理筹划稿酬的发放方式与金额。

【建议学时】

2 学时。

稿酬所得，是指个人因其作品以图书、报刊形式出版、发表而取得的所得。

这里所说的“作品”，是指包括中外文字、图片、乐谱等能以图书、报刊方式出版、发表的作品；“个人作品”，包括本人的著作、翻译的作品等。除税率有所差别外，稿酬所得的计税方法和劳务所得的计税方法基本一致。

【政策学习】

一、根据内容提示，查阅资料，补充相关内容。

稿酬所得以个人每次取得的收入，定额或定率减除规定费用后的余额为应纳税所得额，每次收入不超过________元，定额减除费用________元；每次收入在 4 000 元以上的，定率减除________的费用。

对于稿酬所得，每次收入减除费用的余额为收入额，适用________的比例税率，并减按 ________计算。

【税务筹划任务】

【工作任务 1】张先生于 2020 年 4 月投稿自己创作的小说，经由出版社印制成书且发行成功，赵某从中获取稿酬收入 120 万元。

1. 计算张先生预扣预缴个人所得税。

张先生咨询神州易桥财务人员对其个人所得税缴纳情况提出合理的筹划方案。

2. 筹划分析

与劳务报酬筹划相似，对于稿酬所得较高的，可充分利用优惠政策进行合理筹划。神州易桥建议张先生建立个人独资企业，以公司名义承接业务。

3. 计算筹划方案下的各项税费缴纳情况。

4. 对比分析

筹划前比筹划后 多/少 缴纳税费共________________ 万元。

【工作任务 2】兼职写手小华接到某公众号的约稿，以一篇 800 元的稿酬为公众号撰写推广文章，共 10 篇，稿酬合计 8 000 元。公众号运营部提出两个稿酬支付方案：一是与运营公司签订劳务合同，一次性支付稿酬 8 000 元；二是小华以自由投稿方式进行投稿，按次支付稿酬。请为其筹划选择方案。

学习活动六　专项附加扣除的税务筹划

【学习目标】

1. 熟知个人所得税的专项附加扣除标准及扣除方式。
2. 能够正确理解专项附加扣除的条件。
3. 正确计算专项附加扣除后的应纳个人所得税额。
4. 能够合理分摊家庭的专项附加扣除，以降低税负。

【建议学时】

2 学时。

个人所得税专项附加扣除，是指个人所得税法规定的子女教育、继续教育、大病医疗、住房贷款利息、住房租金和赡养老人等六项专项附加扣除。是落实新修订的个人所得税法的配套措施之一。

【政策学习】

查阅《个人所得税专项附加扣除暂行办法》，补充表 4-11 专项附加扣除相关内容。

表 4-11　专项附加扣除项目及标准

扣除项目	扣除标准
子女教育	“每个”子女每月 ________元
继续教育	职业教育：“ ________”相关证书的年度，一次性扣除 ________元
	学历教育：每月 ________元 同一学历（学位）继续教育的扣除期限不能超过
大病医疗	按照每年 ________标准限额“据实扣除”
住房贷款利息	偿还贷款期间，每月 ________元
住房租金	直辖市、省会城市、计划单列市以及国务院确定的其他城市：每月________元
	市辖区户籍人口超过 100 万的其他城市：每月 ________元
	市辖区户籍人口不超过 100 万（含）的其他城市：每月 ________元
赡养老人	每月 ________元

1. 准予扣除的子女教育有哪些类型?

2. 大病医疗支出准予扣除的相关规定有哪些?

3. 住房贷款利息准予扣除的应满足哪些条件?

4. 赡养老人的专项扣除，老人应满足哪些条件?

【税务筹划任务】

【工作任务 1】林先生和林女士均年满 60 岁，其三个子女分别为林月、林星和林可。2020 年度，林月的应纳税所得额为 10 万元，林星的应纳税所得额为 3 万元，林可的应纳税所得额为 0，以上数额均未考虑赡养老人专项附加扣除。请提出税务筹划方案。

1. 计算未考虑专项附加扣除应纳个人所得税额。

2. 筹划方案一：由林月申报两位老人的专项附加扣除。

筹划方案二：由林月与林星如各申报一名老人的专项扣除。

请分别计算不同方案下应纳个人所得税额。

【工作任务 2】吴先生是独生子，其 2020 年度应纳税所得额 156 200 万，有一名 5 岁的小孩幼儿园在读，同时赡养其父母（父亲 62 岁、母亲 58 岁）；吴先生 2019 年购买家庭首套房，公积金贷款每月支付房贷 4 500 元。吴先生妻子王女士 2020 年度应纳税所得额 112 000 元。2020 年度个人所得税汇算缴时，请为吴先生一家就专项附加扣除进行税务筹划。

请将筹划方案填入表 4-12。

表 4-12　筹划方案

准予专项附加扣除项目	分摊金额		合计
	吴先生	王女士	

学习活动七 接受任务考核

【学习目标】

完成个人所得税税务的筹划，提交部门经理审核。

【建议学时】

2 学时。

【考核内容】

现在接到以下客户的税筹需求，请大家按团队完成以下工作任务。

【考核任务】

【考核任务】黄先生计划成立一家新公司从事服装销售，公司资产 100 万元，员工计划 30 人，在公司登记前需确定公司类型。黄先生考虑成立个人独资企业，预计每年利润总额 75 万元，无其他个人所得。请为黄先生计算个人独资企业下预计应交税额，并为其筹划更好的成立方案。

【考核任务 2】

林教授应行业协会的邀请到华南地区的高校举行为期两周的摄影培训。协会提出两种培训方案：方案一，在一所高校开办一期为期 2 周的培训班，由高校一次性支付劳务报酬 50 000 元；方案二，分别在两所高校开办为期 1 周的培训班，分别从两所高校取得劳务报酬 25 000 元。请为林教授计算分析两个方案下的应纳税额，并提出筹划方案。

【考核任务 3】

王女士 2020 年度综合所得应纳税所得额为 100 万元，全部来自工资薪金。

单位为其提供了四种方案：

方案一，全部通过工资薪金发放，不发放年终奖；

方案二，发放 3.6 万年终奖，综合所得应纳税所得额为 96.4 万元；

方案三，发放 14.4 万年终奖，综合所得应纳税所得额为 85.6 万元；

方案四，发放 42 万年终奖，综合所得应纳税所得额为 58 万元。

请提出税务筹划方案。

评价反馈

一、请填写以下过程评价表 4-13。

表 4-13　任务过程评价表

班级：　　　　　　　　　　　　　　　　　　　　任务名称：

被评价者姓名：

评价标准	分数分配	小组评价				教师评价				备注
		优秀	良好	中	差	优秀	良好	中	差	
		14~15	11~13	9~12	0~8	14~15	11~13	9~12	0~8	
		18~20	15~18	12~14	0~11	18~20	15~18	12~14	0~11	
整个任务过程符合教师提出的、校企合作企业规章制度所明确的任务规范。任务流程中的着装、语言和行为符合职业规范	15									
能独立完成任务内容，能竭尽全力解决遇到的困难，以认真负责的态度保证任务的质量	15									
在每个任务活动中，能主动与教师或其他同学就任务的进展和工作的思路进行交流。认真聆听其他同学和老师的意见	15									
在任务的过程中，能熟练灵活地运用各种学习和工作资源。在向其他组员和教师求助之前，能够先利用并穷尽教材、学材等资源	20									
能察觉任务中出现的困难或错误，提出并实践不同的改善方案，直至解决问题	20									
在整个任务过程中不浪费包括时间在内的资源和耗材，使得整个任务过程是环境友好并且有效率的	15									
小计	100									
总分										

二、请填写以下的任务成果评价表 4-14。

表 4-14　个人所得税的税务筹划评价表

班级：　　　　　　　　　　　　　　　　　　　　被评价者姓名：

任务名称：

序号	项目	配分	评分标准	扣分	扣分说明
1	政策搜寻	20	有效利用资源对每个任务涉及的政策、法令进行收集。缺少一项扣 5 分		
2	政策运用	30	错误运用政策法规的，一次扣 5 分		
3	税负计算	30	因为计算导致错误的每次扣 3 分，因为错用政策的每次扣 5 分		
4	口头表达	10	展示语言表达清晰，所用的语言符合企业综合服务人员应具备的职业水准，语气语调符合面向上级汇报的要求		
5	展示逻辑	10	整个展示的结构完整，逻辑清楚，重点清晰。每个部分的时间分配合理		
	合计	100			

三、请利用空白页撰写总结。总结的内容应包括自身在任务过程中知识技能的成长、方法能力的提升、值得肯定的优点、需要改进的不足等。

课外阅读材料

中华人民共和国个人所得税法

第一条　在中国境内有住所，或者无住所而一个纳税年度内在中国境内居住累计满一百八十三天的个人，为居民个人。居民个人从中国境内和境外取得的所得，依照本法规定缴纳个人所得税。

在中国境内无住所又不居住，或者无住所而一个纳税年度内在中国境内居住累计不满一百八十三天的个人，为非居民个人。非居民个人从中国境内取得的所得，依照本法规定缴纳个人所得税。

纳税年度，自公历一月一日起至十二月三十一日止。

第二条　下列各项个人所得，应当缴纳个人所得税：

（一）工资、薪金所得；

（二）劳务报酬所得；

（三）稿酬所得；

（四）特许权使用费所得；

（五）经营所得；

（六）利息、股息、红利所得；

（七）财产租赁所得；

（八）财产转让所得；

（九）偶然所得。

居民个人取得前款第一项至第四项所得（以下称综合所得），按纳税年度合并计算个人所得税；非居民个人取得前款第一项至第四项所得，按月或者按次分项计算个人所得税。纳税人取得前款第五项至第九项所得，依照本法规定分别计算个人所得税。

第三条　个人所得税的税率：

（一）综合所得，适用百分之三至百分之四十五的超额累进税率（税率表附后）；

（二）经营所得，适用百分之五至百分之三十五的超额累进税率（税率表附后）；

（三）利息、股息、红利所得，财产租赁所得，财产转让所得和偶然所得，适用比例税率，税率为百分之二十。

第四条　下列各项个人所得，免征个人所得税：

（一）省级人民政府、国务院部委和中国人民解放军军以上单位，以及外国组织、国际组织颁发的科学、教育、技术、文化、卫生、体育、环境保护等方面的奖金；

（二）国债和国家发行的金融债券利息；

（三）按照国家统一规定发给的补贴、津贴；

（四）福利费、抚恤金、救济金；

（五）保险赔款；

（六）军人的转业费、复员费、退役金；

（七）按照国家统一规定发给干部、职工的安家费、退职费、基本养老金或者退休费、离休费、离休生活补助费；

（八）依照有关法律规定应予免税的各国驻华使馆、领事馆的外交代表、领事官员和其他人员的所得；

（九）中国政府参加的国际公约、签订的协议中规定免税的所得；

（十）国务院规定的其他免税所得。

前款第十项免税规定，由国务院报全国人民代表大会常务委员会备案。

第五条　有下列情形之一的，可以减征个人所得税，具体幅度和期限，由省、自治区、直辖市人民政府规定，并报同级人民代表大会常务委员会备案：

（一）残疾、孤老人员和烈属的所得；

（二）因自然灾害遭受重大损失的。

国务院可以规定其他减税情形，报全国人民代表大会常务委员会备案。

第六条　应纳税所得额的计算：

（一）居民个人的综合所得，以每一纳税年度的收入额减除费用六万元以及专项扣除、专项附加扣除和依法确定的其他扣除后的余额，为应纳税所得额。

（二）非居民个人的工资、薪金所得，以每月收入额减除费用五千元后的余额为应纳税所得额；劳务报酬所得、稿酬所得、特许权使用费所得，以每次收入额为应纳税所得额。

（三）经营所得，以每一纳税年度的收入总额减除成本、费用以及损失后的余额，为应纳税所得额。

（四）财产租赁所得，每次收入不超过四千元的，减除费用八百元；四千元以上的，减除百分之二十的费用，其余额为应纳税所得额。

（五）财产转让所得，以转让财产的收入额减除财产原值和合理费用后的余额，为应纳税所得额。

（六）利息、股息、红利所得和偶然所得，以每次收入额为应纳税所得额。

劳务报酬所得、稿酬所得、特许权使用费所得以收入减除百分之二十的费用后的余额为收入额。稿酬所得的收入额减按百分之七十计算。

个人将其所得对教育、扶贫、济困等公益慈善事业进行捐赠，捐赠额未超过纳税人申报的应纳税所得额百分之三十的部分，可以从其应纳税所得额中扣除；国务院规定对公益慈善事业捐赠实行全额税前扣除的，从其规定。

本条第一款第一项规定的专项扣除，包括居民个人按照国家规定的范围和标准缴纳的基本养老保险、基本医疗保险、失业保险等社会保险费和住房公积金等；专项附加扣除，包括子女教育、继续教育、大病医疗、住房贷款利息或者住房租金、赡养老人等支出，具体范围、标准和实施步骤由国务院确定，并报全国人民代表大会常务委员会备案。

第七条　居民个人从中国境外取得的所得，可以从其应纳税额中抵免已在境外缴纳的个人所得税税额，但抵免额不得超过该纳税人境外所得依照本法规定计算的应纳税额。

第八条　有下列情形之一的，税务机关有权按照合理方法进行纳税调整：

（一）个人与其关联方之间的业务往来不符合独立交易原则而减少本人或者其关联方应纳税额，且无正当理由；

（二）居民个人控制的，或者居民个人和居民企业共同控制的设立在实际税负明显偏低的国家（地区）的企业，无合理经营需要，对应当归属于居民个人的利润不作分配或者减少分配；

（三）个人实施其他不具有合理商业目的的安排而获取不当税收利益。

税务机关依照前款规定作出纳税调整，需要补征税款的，应当补征税款，并依法加收利息。

第九条　个人所得税以所得人为纳税人，以支付所得的单位或者个人为扣缴义务人。

纳税人有中国公民身份号码的，以中国公民身份号码为纳税人识别号；纳税人没有中国公民身份号码的，由税务机关赋予其纳税人识别号。扣缴义务人扣缴税款时，纳税人应当向扣缴义务人提供纳税人识别号。

第十条　有下列情形之一的，纳税人应当依法办理纳税申报：

（一）取得综合所得需要办理汇算清缴；

（二）取得应税所得没有扣缴义务人；

（三）取得应税所得，扣缴义务人未扣缴税款；

（四）取得境外所得；

（五）因移居境外注销中国户籍；

（六）非居民个人在中国境内从两处以上取得工资、薪金所得；

（七）国务院规定的其他情形。

扣缴义务人应当按照国家规定办理全员全额扣缴申报，并向纳税人提供其个人所得和已扣缴税款等信息。

第十一条　居民个人取得综合所得，按年计算个人所得税；有扣缴义务人的，由扣缴义务人按月或者按次预扣预缴税款；需要办理汇算清缴的，应当在取得所得的次年三月一日至六月三十日内办理汇算清缴。预扣预缴办法由国务院税务主管部门制定。

居民个人向扣缴义务人提供专项附加扣除信息的，扣缴义务人按月预扣预缴税款时应当按照规定予以扣除，不得拒绝。

非居民个人取得工资、薪金所得，劳务报酬所得，稿酬所得和特许权使用费所得，有扣缴义务人的，由扣缴义务人按月或者按次代扣代缴税款，不办理汇算清缴。

第十二条　纳税人取得经营所得，按年计算个人所得税，由纳税人在月度或者季度终了后十五日内向税务机关报送纳税申报表，并预缴税款；在取得所得的次年三月三十一日前办理汇算清缴。

纳税人取得利息、股息、红利所得，财产租赁所得，财产转让所得和偶然所得，按月或者按次计算个人所得税，有扣缴义务人的，由扣缴义务人按月或者按次代扣代缴税款。

第十三条　纳税人取得应税所得没有扣缴义务人的，应当在取得所得的次月十五日内向税务机关报送纳税申报表，并缴纳税款。

纳税人取得应税所得，扣缴义务人未扣缴税款的，纳税人应当在取得所得的次年六月三十日前，缴纳税款；税务机关通知限期缴纳的，纳税人应当按照期限缴纳税款。

居民个人从中国境外取得所得的，应当在取得所得的次年三月一日至六月三十日内申报纳税。

非居民个人在中国境内从两处以上取得工资、薪金所得的，应当在取得所得的次月十五日内申报纳税。

纳税人因移居境外注销中国户籍的，应当在注销中国户籍前办理税款清算。

第十四条　扣缴义务人每月或者每次预扣、代扣的税款，应当在次月十五日内缴入国库，并向税务机关报送扣缴个人所得税申报表。

纳税人办理汇算清缴退税或者扣缴义务人为纳税人办理汇算清缴退税的，税务机关审核后，按照国库管理的有关规定办理退税。

第十五条　公安、人民银行、金融监督管理等相关部门应当协助税务机关确认纳税人的身份、金融账户信息。教育、卫生、医疗保障、民政、人力资源社会保障、住房城乡建设、公安、人民银行、金融监督管理等相关部门应当向税务机关提供纳税人子女教育、继续教育、大病医疗、住房贷款利息、住房租金、赡养老人等专项附加扣除信息。

个人转让不动产的，税务机关应当根据不动产登记等相关信息核验应缴的个人所得税，登记机构办理转移登记时，应当查验与该不动产转让相关的个人所得税的完税凭证。个人转让股权办理变更登记的，市场主体登记机关应当查验与该股权交易相关的个人所得税的完税凭证。

有关部门依法将纳税人、扣缴义务人遵守本法的情况纳入信用信息系统，并实施联合激励或者惩戒。

第十六条　各项所得的计算，以人民币为单位。所得为人民币以外的货币的，按照人民币汇率中间价折合成人民币缴纳税款。

第十七条　对扣缴义务人按照所扣缴的税款，付给百分之二的手续费。

第十八条　对储蓄存款利息所得开征、减征、停征个人所得税及其具体办法，由国务院规定，并报全国人民代表大会常务委员会备案。

第十九条　纳税人、扣缴义务人和税务机关及其工作人员违反本法规定的，依照《中华人民共和国税收征收管理法》和有关法律法规的规定追究法律责任。

第二十条　个人所得税的征收管理，依照本法和《中华人民共和国税收征收管理法》的规定执行。

第二十一条　国务院根据本法制定实施条例。

第二十二条　本法自公布之日起施行。

学习任务五

企业成立的税务筹划

学习情境

神州易桥（广州）科技有限公司致力于服务广州地区各类企业，为客户完成企业工商银行业务办理、会计核算、报表编制与分析、税费的计算与纳税申报以及纳税筹划等财税工商业务。近日，该公司扩大规模，承接了多家客户企业的财税业务，业务量繁多，特别是处理税务筹划业务的工作人员严重短缺，现要求校企班级的学生迅速加入工作现场完成任务。

会计人员从神州易桥的纳税筹划部门的经理手中领取各个客户企业的资料，将客户平均分配给校企班级团队（约 4～5 人一组）。各团队根据客户资料和工作任务要求分析背景情况、获取重要信息，依据法律法规判断筹划方向，选择筹划方法，为企业的设立给出合理筹划方案，并交由部门经理做出审核。

学习目标

1. 能够区分不同类型的公司，根据实际情况注册最适合的公司类型。
2. 能够熟练查阅不同地区的税收优惠政策，通悉国家扶持区域的税收政策，能够结合客户情况给出合适的注册地建议。
3. 能够有效界定科技中小型企业、高新技术企业、集成电路生产企业、集成电路设计企业、软件企业，并熟悉运用国家对重点扶持产业的相关优惠政策进行纳税筹划。
4. 能够在出资投资环节运用税收优惠政策做到节税，并规避注册资本认缴制的风险。
5. 在完成任务的过程中，能够充分、有效率地利用网络、书籍等方式进行资料的收集，提升重点信息提炼能力、书面表达能力，表现出较好的逻辑思维能力、信息处理能力，能自信地展现筹划成果并能口头上精炼有效表达筹划分析原理。

建议学时

18 学时。

学习活动一　企业类型选择的税务筹划

【学习目标】

1. 能够分辨不同的企业类型。
2. 能够根据不同企业类型给出企业的要缴纳的主要税种。
3. 能够不同的投资、预估利润等情况进行不同企业类型的税负分析，提供税筹建议。

【建议学时】

2 学时。

一、查阅相关书籍或通过网上查询，回答下列问题。

1. 企业有哪些类型？

2. 写出以下三种现代企业常见的组织形式：

个人独资企业：

合伙企业：

有限责任公司：

二、查阅相关法律文件，完成以下填空。

1.《中华人民共和国合伙企业法》规定，合伙企业为普通合伙企业，在其名称中不得使用“___”或“________”的字样。合伙企业财产为合伙人共有，合伙企业的盈利和亏损根据合伙人出资额，按_____________比例分享或分担。我国现行税法规定，对合伙企业不征收企业所得税，而是分别对各合伙人从合伙企业分得的所得和合伙企业当年留存的利润征收个人所得税或企业所得税。合伙人为自然人的，征收个人所得税。

2. 我国现行《中华人民共和国个人所得税法》（以下简称《个人所得税法》）规定，合伙企业的投资者按照合伙企业的全部生产经营所得和合伙协议约定的分配比例确定应纳税所得额（合伙协议没有约定分配比例的，______________________________计算每个投资者的应纳税所得额），按照“经营所得”项目，适用 5%～35%的五级超额累进税率，计算征收个人所得税。生产经营所得包括企业分配给投资者个人的所得（利润）和企业当年留有的所得（利润）。生产经营所得的计算则比照企业所得税应纳税所得额的计算方法，允许扣除与其经营所得有关的成本、费用以及损失等，然后再按照《个人所得税法》做各种扣除，计算其应纳税所得额。合伙人为法人或其他组织的，征收_____________税，合伙人为法人或其他组织的，合伙人在计算缴纳其企业所得税时，不得用_____________抵减盈利。合伙企业除了要承担企业所得税，还要缴纳与企业经营有关的一些税，如印花税、增值税、消费税、关税等。

3. 我国税法规定对个人独资企业和合伙企业征收个人所得税，不征收企业所得税，而公司制企业存在双责征收问题。如果股东为自然人，则既要征收________又要征收_____________，如果股东是法人，我国采取免税法以避免_____________，即居民法人股东从居民法人企业取得的股息属于_____________，免于征收企业所得税。

4. 根据《中华人民共和国企业所得税法》（以下简称《企业所得税法》）及其实施条例的有关规定：一般企业，企业所得税税率为______；符合条件的小型微利企业，减按______的税率征收企业所得税；国家需要重点扶持的高新技术企业，减按______的税率征收企业所得税。非居民企业在中国境内未设立机构、场所的，或者虽设立机构、场所但取得的所得与其所设机构、场所没有实际联系的，应当就其来源于中国境内的所得缴纳企业所得税，适用税率为______。

【税务筹划任务】

【工作任务 1】有 5 个个人投资者，计划每人出资 600 000 元设立一个水产批发企业，投资总额为 3 000 000 元；预计企业年应纳税所得额为 2 000 000 元。

作为税务筹划，可以给这 5 个投资者什么建议呢？

第一步：思考可以采用什么企业组织形式；

第二步：分别分析每种企业类型的税负；

第三步：补充说明，由投资人做决策。

【温馨提示】

公司制企业的投资者一般以其出资额对公司债务承担有限责任，合伙企业的合伙人对企业债务承担无限连带责任。而且，合伙企业由于不具备独立法人资格，一般不能享受国家对公司提供的各种税收优惠待遇和税收协定优惠待遇。此外，在进行纳税筹划时，还要考虑企业的经营风险、经营规模、管理模式及筹资金额等因素，对各方面的因素加以权衡，根据投资者的实际状况对企业组织形式做出选择。

【工作任务 2】王某决定自己创业，开办一家餐饮店，需注册资金 50 000 元。经初步测算，每年可获得盈利 200 000 元（不考虑其他差异，年应纳税所得额也为 200 000 元）。请给出关于企业组织形式的税务筹划建议。

学习活动二　公司注册地的税务筹划

【学习目标】

1. 能够有效查阅不同地区的税收优惠政策。

2. 能够掌握国内经济特区、上海浦东新区、经济开发区、保税区和扶持地区的税收优惠政策。

3. 能够根据企业情况和需求，结合国内地区优惠政策给予企业税务筹划建议。

4. 能够运用我国与跨国投资相关的税收政策对跨国注册给予税务筹划。

【建议学时】

5 学时。

一、查阅相关书籍或通过网上查询，回答下列问题。

1. 在我国是不是每个地方企业的税收成本一样？

2. 每个国家的税负都不同，如果可以跨国注册，你会怎样进行税务筹划？

二、查阅相关文件，补充完整下列空缺处

1. 根据现行企业所得税政策，法律设置的发展对外经济合作和技术交流的特定地区内，以及国务院已规定执行上述地区特殊政策的地区内新设立的国家需要重点扶持的________________，可以享受________________。

2. 法律设置的发展对外经济合作和技术交流的特定地区，是指________________、________________、________________、________________和________________经济特区；国务院已规定执行上述地区特殊政策的地区，是指________________。对经济特区和上海浦东新区内在__________之后完成登记注册的国家需要重点扶持的高新技术企业（以下简称“新设高新技术企业”），在经济特区和上海浦东新区内取得的所得，自__________所属纳税年度起，第一年至第二年__________，第三年至第五年按照________________企业所得税。

3. 自 2011 年 1 月 1 日至 2020 年 12 月 31 日，对设在西部地区以《西部地区鼓励类产业目录》中规定的产业项目为主营业务，且其当年度主营业务收入占企业收入总额________________的企业，可________________缴纳企业所得税。

4. 根据《财政部国家税务总局关于赣州市执行西部大开发税收政策问题的通知》（财税〔2013〕4 号）的规定，对赣州市内资鼓励类产业、外商投资鼓励类产业及优势产业的项目在投资总额内进口的自用设备，在政策规定范围内__________________。自 2012 年 1 月 1 日至 2020 年 12 月 31 日，对设在赣州市的鼓励类产业的内资企业和外商投资企业________________的税率征收企业所得税。

5. 2010 年 1 月 1 日至 2020 年 12 月 31 日，对在新疆困难地区新办的属于《新疆困难地区重点鼓励发展产业企业所得税优惠目录》（以下简称（目录）　）范围内的企业，自取得____________________所属纳税年度起，五年内____________________，第三年至第五年____________________。属于《目录》范围内的企业是指以《目录》中规定的产业项目为主营业务，其主营业务收入占企业收入总额______________的企业。

6. 对纳税人来源于境外的所得已经在境外缴纳企业所得税的，允许进行税额抵免，包括___________________。

7. 股息、红利等权益投资所得，除国务院财政、税务主管部门另有规定，_______确认收入的实现。

8. 在现行《企业所得税法》中，专门增加了“特别纳税调整”章节，此章节规定：居民企业，或者由居民企业和中国居民控制的设立在实际税负________________《企业所得税法》第四条第一款规定税率水平的国家（地区）的企业，并非由于合理的经营需要而对利润不作分配或者减少分配的，上述利润中应归属于该居民企业的部分，应当计入该居民企业的_____________。“控制”包括：居民企业或者中国居民直接或者间接单一持有外国企业_______________，且由其共同持有该外国企业________________；居民企业，或者居民企业和中国居民持股比例没有达到第一项规定的标准，但在股份、资金、经营、购销等方面对该外国企业构成实质控制。“实际税负明显低于《企业所得税法》第四条第一款规定税率水平”，是指低于《企业所得税法》第四条第一款规定的__________________________。

三、阅读学习任务后的阅读材料，结合阅读材料，思考引导案例。

【引导案例 1】

孙先生持有甲公司 30%的股权，现准备转让其中 10%的股权。已知孙先生取得该 10%股权的成本为 100 万元，转让价款为 1 000 万元，请为孙先生进行纳税筹划。

如果不进行纳税筹划，孙先生在股权转让完成之时需要计算并缴纳个人所得税：（1 000-100）×20%=180（万元）

如果孙先生事先在新疆霍尔果斯特殊经济开发区成立 A 公司，由 A 公司购置并持有甲公司的股权，则可以由 A 公司转让甲公司 10%的股权，取得 900 万元应纳税所得额。由于 A 公司享受五年免税待遇，该笔股权转让所得实际缴纳企业所得税 0 元，节税 180 万元。

【引导案例 2】

客户情况

A 是一家珠三角的贸易公司，年销售额约 1 000 万（含税），成本约占 50%，费用一年约 100 万，有约 300 万的佣金/回扣无法取得合法票据入账。因此造成产品增值额大，费用少，所以税负重。

税务咨询建议

建议客户在长三角设立一家新的 B 商贸公司，由新的 B 商贸公司承接原 A 贸易公司所有业务，即用 B 商贸公司进货，也用 B 商贸与客户签约、收款、开票。新成立的 B 商贸公司可享受增值税地方留存部分（47.5%）的 80%～90%的财政返还（即所交增值税总额的 38%～42.75%），企业所得税地方留存部分（38%）的 90%的财政返还（即所交企业所得税总的 34.2%），及印花税 50%的返还。再在长三角设立 C 营销服务部（个人独资企业），处理无法取得合法票据的佣金/回扣，长三角个人独资企业可享受税收核定及增值税、所得税地方留存 70%的返还。

如果遇到贸易公司想保留原公司的，例如部分客户不能改用新公司合作，或者想保留原公司的品牌。可建议贸易公司将客户进行分类，例如将不能改用新公司合作的客户用原公司承接，可以改变的用新公司承接；或者将增值高的产品/客户用新公司承接，增值低的产品/客户用原公司承接。

筹划说明

（一）长三角贸易公司税收返还政策

1. 税收优惠（见表 5-1）

表 5-1　长三角地区税收优惠政策

<table>
<tr><th rowspan="2">行业</th><th rowspan="2">地方留成部分总额 T</th><th colspan="2">地方留成部分扶持比例</th></tr>
<tr><th>企业所得税</th><th>增值税</th></tr>
<tr><td>商贸</td><td>10 万元≤T<300 万元</td><td rowspan="3">90%</td><td>80%</td></tr>
<tr><td>现代服务及其他企业</td><td>300 万元≤T<1 000 万元</td><td>85%</td></tr>
<tr><td>物流及交通运输类企业</td><td>T≥1 000 万元</td><td>90%</td></tr>
<tr><td>股权投资、投资管理及基金类企业</td><td>T≥10 万元</td><td colspan="2">90%（其中，投资集聚区内项目或企业，地方留成部分扶持比例为 95%）</td></tr>
</table>

2. 其他优惠

（1）高管奖励。

企业当年实缴的企业所税、增值税的地方留成部分总额在 500 万元以上或个人所得税地方留成总额在 500 万元以上的，给予高层管理人员（限 5 名以内、由企业自行选择提供名单）本人实缴个人所得税地方留成总额的 80%，按照“税收特别贡献奖”的方式进行奖励。

（2）印花税。

贸易类企业当年实缴的企业所得税、增值税地方留成部分总额在 10 万元以上（含 10 万元），奖励印花税 50%，并且最高实缴 30 万元封顶，实行先缴后返。

（二）个人独资企业税收返还政策

1. 名词解释

“地方留成部分”：是指企业当年实缴个人所得税的 38%，增值税的 47.5%。

2. 税收优惠

个人独资企业个人所得税核定征收，增值税及个人所得税享受地方留成部分 70% 返还，具体如表 5-2 所示。

表 5-2　个人独资企业税收返还政策

收入/元	增值税	附加税（10%）	个人所得税率	综合税率	增值税返还率	个人所得税返还率	综合返还税率	实际税率
150 000			0.50%	0.50%	0.00%	0.13%	0.13%	0.37%
300 000			0.75%	0.75%	0.00%	0.20%	0.20%	0.55%
360 000			0.96%	0.96%	0.00%	0.25%	0.25%	0.70%
600 000	3.00%	0.30%	1.38%	4.68%	1.00%	0.37%	1.36%	3.31%
1 000 000	3.00%	0.30%	2.03%	5.33%	1.00%	0.54%	1.54%	3.79%
1 670 000	3.00%	0.30%	2.62%	5.92%	1.00%	0.70%	1.69%	4.22%
2 000 000	3.00%	0.30%	2.76%	6.06%	1.00%	0.73%	1.73%	4.33%
2 500 000	3.00%	0.30%	2.91%	6.21%	1.00%	0.77%	1.77%	4.44%
3 000 000	3.00%	0.30%	3.01%	6.31%	1.00%	0.80%	1.80%	4.51%
3 500 000	3.00%	0.30%	3.08%	6.38%	1.00%	0.82%	1.82%	4.56%
4 000 000	3.00%	0.30%	3.13%	6.43%	1.00%	0.83%	1.83%	4.60%
4 500 000	3.00%	0.30%	3.17%	6.47%	1.00%	0.84%	1.84%	4.63%
5 000 000	3.00%	0.30%	3.21%	6.51%	1.00%	0.85%	1.85%	4.65%

筹划效果分析具体见表 5-3。

表 5-3　税收筹划效果　　单元：元

测算表				
项目		筹划前	筹划后	
		原公司（A）	商贸公司（B）	营销服务部（C）
营业收入（含税）		10 000 000	10 000 000	2 720 000
增值税		689 655	689 655	79 223
营业收入（不含税）		8 620 690	8 620 690	2 640 777
税金及附加	附加税	82 759	68 966	7 922
	印花税	4 500	5 316	816
成本		4 310 345	4 310 345	
费用		1 000 000	3 720 000	
利润		3 223 086	516 063	
企业所得税		805 772	51 606	
净利润		2 417 315	464 457	
个人所得税		483 463	92 891	77 677
纳税合计		2 066 148	908 434	165 639
增值税返还			262 069	26 342
企业所返还			17 649	
个人所得税返还				20 662
印花税返还			2 658	
实际纳税		2 066 148	626 058	118 635
节税		1 321 455		

原 1 000 万的收入在 A 公司需缴纳增值税 689 655 元，企业所得税 805 722 元，分红时个人所得税需缴纳 483 463 元，总纳税为 2 066 148 元。

而筹划后 B 商贸公司缴纳增值税 689 655 元不变，但是可享受财政返还 262 069 元。因为三百多万的佣金/回扣可取得合法票据入账，所以企业所得税只须交 51 606 元，并且还可以再享受财政返还 17 649 元。分红时个人所得税只须交 92 891 元，印花税还可享受财政返还 2 658 元，实际总纳税 626 058 元。

新设的营销服务部，收入 2 720 000 元（含税），需缴纳增值税 79 223 元，个人所得税 77 677 元，总纳税 165 639 元。然后可享受增值税财政返还 26 342 元，享受个人所得税财政返还 20 622 元。实际总纳税 118 635 元。

筹划后比筹划前节税 1 321 455 元。

【税务筹划任务】

【工作任务 1】某高新技术企业其产品主要在华东地区销售，因此打算在该地区建立一家生产兼销售的子公司。经调查有两地可供选择：一是上海浦东新区，二是浙江省宁波市。经测算若选择在上海浦东建厂，则每件产品的成本为 800 元；若选择在宁波建厂，则每件产品的成本为 750 元。该产品在华东地区统一销售价格为 1 200 元。应该怎样筹划确定子公司注册地呢？

第一步：列明适用本任务的税收优惠政策。

第二步：计算在两地建厂的税负。

税筹结论：

【工作任务 2】B 企业原计划在广州设立一高科技企业，该企业预计每年取得利润总额 1 000 万元。经过市场调研，该企业设在广州和深圳对于企业的盈利能力没有实质影响，该企业在深圳预计每年取得利润总额 900 万元。假设无纳税调整事项，请对该企业的投资计划提出纳税筹划方案。

【温馨提示】

在选择跨国投资地点时，应该尽可能选择税负较低的国家成地区投资，以减轻税收总体负担。其主要步骤是：

（1）选择在公司所得税税率低于 25%高于 12.5%、与我国签订税收协定，可以享受较低的预提税税率的国家建立控股公司，如受控金融公司、销售公司、保险公司、专利特权公司、运输公司等。

（2）通过调整转让定价等手段使税前所得尽可能多地在控股公司中实现。

（3）控股公司实现的利润不分配或少分配。

学习活动三 经营范围的税务筹划

【学习目标】

1. 能够熟练查阅到有税收优惠的产业，熟稔国家重点扶持产业的相关优惠政策。
2. 能够有效界定科技中小型企业、高新技术企业、集成电路生产企业、集成电路。
3. 设计企业、软件企业，并熟悉运用国家税收优惠政策进行税务筹划。

【建议学时】

3 学时。

一、查阅相关书籍或通过网上查询，回答下列问题。

1. 有哪些产业是国家重点扶持的？国家对产业进行扶持或限制的主要手段是什么？

2. 高新技术企业的认定标准是什么？

3. 集成电路生产企业的认定标准是什么？

4. 集成电路设计企业的认定标准是什么？

5. 软件企业的认定标准是什么？

6. 技术先进型服务企业的认定标准是什么？

二、查找相关材料，完成以下填空。

1. 农业。根据现行企业所得税政策，企业从事下列项目的所得免征企业所得税：

____

____

____

____

2. 企业从事下列项目的所得，减半征收企业所得税：

____

____

____

3. 公共基础建设产业。根据现行企业所得税政策，企业从事国家重点扶持的公共基础设施项目投资经营的所得可以免征、减征企业所得税。国家重点扶持的公共基础设施项目，是指《公共基础设施项目企业所得税优惠目录》规定的____项目。企业从事上述规定的国家重点扶持的公共基础设施项目的投资经营的所得，自项目取得第一笔生产经营收入所属纳税年度起，______________免征企业所得税，______________减半征收企业所得税。企业承包经营、承包建设和内部自建自用本条规定的项目，不得享受上述规定的企业所得税优惠。

【税务筹划任务】

C企业准备投资5 000万元用于中药材的种植或者香料作物的种植。预计种植中药材每年可以获得利润总额500万元，种植香料每年可以获得利润总额560万元。假设无纳税调整事项，从纳税筹划的角度出发，企业应选择哪一项目？

学习活动四 企业出资的税务筹划

【学习目标】

1. 能够正确地做出注册资本认缴制下的会计业务处理。
2. 能够在合法合理的范围内活用“企业借款”做到节税。
3. 能够运用技术成果投资的税收优惠政策进行纳税筹划。
4. 注册资本的相关法律规定有所了解，并能运用法律规定规避相关的风险。

【建议学时】

6 学时。

一、查阅资料，完成以下问题。

1. 什么是注册资本认缴制？

2. 什么是技术成果？什么是技术成果入股？技术成果投资入股有哪些税收优惠政策？

3. 注册资本“未按期缴纳”的影响有哪些？

（1）印花税：

（2）企业所得税：

（3）个人所得税：

（4）银行借款：

二、阅读以下真实案例，谈谈想法

注册资本 2 000 万的某投资公司，实缴出资 400 万。新《中华人民共和国公司法》（以下简称《公司法》）股份认缴制出台后，增资到 10 亿。在签订近 8 000 万元的合同后，面对到期债务，突然减资到 400 万元，并更换了股东。

债权人在首笔 2 000 万元无法收取后，将该公司连同新、老股东一同告上法庭，要求投资公司与新老股东均承担债务的连带责任。2015 年 5 月 25 日下午，法院就该起认缴出资引发的纠纷作出了一审判决。

裁判要旨

认缴制下公司股东的出资义务只是暂缓缴纳，而不是永久免除，在公司经营发生了重大变化时，公司包括债权人可以要求公司股东缴纳出资，以用于清偿公司债务。

法庭审理

法官在审理该案后认为，被告投资公司作为目标公司股权的购买方，没有按照合同约定支付股权价款构成了违约，应该以其全部财产对原告承担责任。投资公司及其股东在明知公司对外负有债务的情况下，没有按照法定的条件和程序进行减资，该减资行为无效，投资公司的注册资本应该恢复到减资以前的状态，即公司注册资本仍然为10亿元，公司股东为徐某和林某。在公司负有到期债务、公司财产不能清偿债务的情况下，股东徐某和林某应该缴纳承担责任之后尚欠的债务；如果公司完全不能清偿债务，则徐某和林某应该缴纳相当于全部股权转让款的注册资本，以清偿原告债务。

同时，被告投资公司未履行法定程序和条件减少公司注册资本，类似于抽逃出资行为，公司债权人也可以要求徐某和林某对于公司不能清偿的部分承担补充赔偿责任。毛某在本案系争股权转让协议签订之前已经退出公司，不应该对其退出之后公司的行为承担责任。由于减资行为被认定无效之后，应该恢复到减资行为以前的状态，因此被告接某不应认定为昊跃公司的股东，接某可以不承担投资公司对原告所承担的责任。

2015年5月25日下午，法院就案件作出一审判决。某投资公司应该在本判决生效之日起十日内向国际贸易公司支付股权转让款2 000万元；对投资公司不能清偿的股权转让款，徐某和林某在未出资的本息范围内履行出资义务，承担补充清偿责任。

对“公司财产”的理解，不能仅仅限于公司现有的财产！

一般情况下，公司对外享有的债权也是公司的财产或者财产利益。在公司破产过程中，公司债权同样是作为公司财产的组成部分，在执行过程中，被执行人对他人享有的债权，也可以成为执行标的。

对于实行认缴制的公司来说，股东个人尚未缴纳的注册资本，与一般的债务并无区别，同样可以看作是公司股东对公司所负的债务。从最高人民法院有关《公司法》的司法解释来看，也可以得出公司债权人可以要求公司股东履行出资义务的结论。

现行《公司法》及司法解释中对于公司违背法定程序和条件减资未通知已知债权人的，具体应该如何承担责任，没有作出明确规定。但是，这并不妨碍法院根据案件的具体情形参照适用相关的法律及司法解释。

律师解读

《公司法》第三条第二款规定：

“有限责任公司的股东以其认缴的出资额为限对公司承担责任；股份有限公司的股东以其认购的股份为限对公司承担责任。”由此可知，股东的责任范围仍然是其认缴的全部资本。完全认缴制下的“认缴不实缴”不等于“可以不缴”。

最高人民法院在2014年2月颁布了《关于适用若干问题的规定（二）》（以下简称“《公司法解释二》”）、《关于适用若干问题的规定（三）》（以下简称“《公司法解释三》”），对如何在认缴资本制下保护债权人的利益做出了更为详尽的安排。

《公司法解释二》第二十二条规定：

“公司解散时，股东尚未缴纳的出资均应作为清算财产。股东尚未缴纳的出资，包括到期应缴未缴的出资，以及依照公司法第二十六条和第八十条的规定分期缴纳尚未届满缴纳期限的出资。公司财产不足以清偿债务时，债权人主张未缴出资股东，以及公司设立时的其他股东或者发起人在未缴出资范围内对公司债务承担连带清偿责任的，人民法院应依法予以支持。”

《公司法解释三》第十三条第二款规定：

“公司债权人请求未履行或者未全面履行出资义务的股东在未出资本息范围内对公司债务不能清偿的部分承担补充赔偿责任的，人民法院应予支持。”

注册资本认缴制下，可能是创业者遇到的第一个坑，看似简单实操复杂，采用“正确姿势”十分重要，传统的工商注册代理机构的不一定能给出太多专业意见，如果遇到难点问题，建议向专业的法务服务机构咨询。

记住：认缴制下不可任性而为，一不小心，有可能陷入牢狱之灾，望各位朋友三思。

作为创业者，应当有比较严谨的法律意识，建议考虑以下几点因素：

1. 公司注册资本写多少，要参考所在行业资质要求。

2. 注册资本越大，承担的风险/责任就越大。

3. 一个小的考虑：印花税，每年年底，企业要按实收资本和资本公积缴纳万分之五的印花税。

所以，注册资本并不是越大越好，大部分互联网创业者走的是股权融资的路子，最重要的是股权比例，而不是注册资本。根据自己的实际情况，设定一个合理的注册资本，才是最理智的选择。

Q1：如果注册了一家 100 万注册资本的公司，后来不想经营了，需要补全这 100 万吗?

应分两种情况讨论：

1. 公司没有外债，不想经营，想注销了。

不需要，公司没有外债时，不涉及补偿别人的损失。直接走正常的注销流程即可，不需要把钱补全后再注销。

2. 公司有外债，不想经营了。

需要，需要把欠别人的钱还上。“认缴制“只是不用现在一次性把钱掏出来，但是承担的法律责任是在的。你需要按照你所占的股权比例，承担对应的债务责任。

Q2：注册资本可以使用吗?

当然可以使用。

注册资本就是公司的钱，就是公司用来花的。一般应用在以下几个方面：日常经营运作、发放员工工资、进货、购买办公用品等。

但是，注册资本不可以随意支给个人使用，如果需要给个人打钱，必须要有相应的发票报销，或者走工资、劳务费用、奖金等形式。

【税务筹划任务】

【工作任务 1】A 公司于 2019 年 3 月登记成立，注册资本为 200 万元，由甲、乙二人发起，甲出资 100 万元，乙以生产技术作价 100 万元，出资期限为 5 年。2019 年 6 月 1 日收到甲的实际投资 80 万元，乙技术作价 100 万元。请问以下的账务处理是正确的吗？如果不正确，请指出错误，写出正确的会计分录，并作出小结。

2019 年 3 月登记成立时：

借：其他应收款——甲　　1 000 000

　　　　　　　——乙　　1 000 000

　贷：实收资本——甲　　1 000 000

　　　　　　　——乙　　1 000 000

借：管理费用——印花税　　500

　贷：银行存款　　500

2019 年 6 月 1 日收到投资时（单位：万元）

借：银行存款　　800 000

　　无形资产　　1 000 000

　贷：其他应收款——甲　　800 000

　　　　　　　　——乙　　1 000 000

错误原因：

正确的会计分录：

小结：

【工作任务 2】王总和几个朋友打算成立一技术服务公司 A（股东全为个人），前期专业设备投入 2 200 万元，办公场所投入 1 500 万元，其他投入 500 万元，共计 4 200 万元，股东应如何出资，才能使股东整体税负最低？

为了便于分析，假设公司投入运营后每年实现利润总额 240.5 万元。公司不属于特殊行业、没有特定税收优惠。

思考引导：如果不全部做实收资本，税负变化会怎么样？

第一步：以 4 200 万元作为注册资本，如何纳税？

第二步：假设以 500 万元作为注册资本，注册资本以外的投入为 3 700 万元，以企业借款列支，年利率 6.5%，如何缴税？

【工作任务 3】JC 机械公司是从事塔吊租赁的公司，公司注册资本 500 万元，公司自然人股东持有塔吊“计算机软件著作权”专利一项。公司业务单一，有一定的技术成分要求，却没有更好地利用，每年均实现了大量的盈利。

对此，公司可通过何种方式进行筹划以便合理地降低企业税负？

【工作任务 4】FD 公司于 2019 年 1 月登记成立，注册资本为 2 000 万元，由甲、乙、丙三人发起，甲出资 800 万元，乙以生产技术作价 600 万元，丙出资 600 万元，出资期限为 10 年。2019 年 4 月 1 日收到甲的实际投资 500 万元，乙技术作价 600 万元，丙的实际投资 400 万元。请写出正确的会计分录。

【工作任务 5】上个任务中的 FD 公司投入运营后每年实现利润总额 200 万元。同期银行借款年利率是 4%，公司不属于特殊行业、没有特定税收优惠。参照【工作任务 2】的方式，你怎么样做纳税筹划？要求写出筹划分析以及筹划后可以节税多少。

学习活动五 接受任务考核

【学习目标】

完成企业成立的税务筹划，提交部门经理审核。

【建议学时】

2 学时。

【考核内容】

现在接到以下客户的税筹需求，请大家按团队完成以下工作任务。

【考核任务】

【考核任务 1】李先生准备设立一家企业，预计该企业年盈利 500 万元，公司的税后利润全部分配给股东，请对此提出税务筹划方案。

【考核任务 2】甲公司和乙公司是跨国关联公司，甲公司为中国居民企业，适用所得税税率为 25%，乙公司所在国的税率为 15%。某年度，甲公司生产集成电路板 100 万张，全部出售给关联的乙公司，再由乙公司向外销售。甲公司生产销售该批集成电路板的成本为每张 10 美元，国际市场售价为每张 16 ~ 20 美元。假设甲和乙两个公司均有其他支出 100 美元。

方案 1：甲公司按照每张 20 美元的价格将这批集成电路板出售给乙公司，然后乙公司再按每张 24 美元的市场价格将这批集成电路板出售给一个非关联的客户。

方案 2：甲公司按每张 16 美元的价格向乙公司出售这批产品。然后乙公司再按每张 24 美元的市场价格将这批集成电路板出售给一个非关联的客户。

问：通过调整转让定价，选择哪个方案整体税负低？

【考核任务 3】李先生自创或购置一项专利，成本为 100 万元，现将该专利投资成立李先生一人有限责任公司甲公司，评估值 1 000 万元。

问：如果李先生不进行纳税筹划，李先生应当在取得甲公司股权之时计算并缴纳什么税？税额多少？

怎样进行纳税筹划？能节税多少？

【阅读材料】

一、舟山港综合保税区财税优惠政策

舟山港综合保税区企业发展扶持办法

第一章 总则

第一条 为进一步加大舟山港综合保税区（以下简称综保区）的招商引资力度，加快项目集聚，促进产业发展，特制定本办法。

第二条 本扶持办法适用于注册在舟山港综合保税区并符合综保区产业发展及功能定位的企业。所扶持的投资项目和企业，由舟山港综合保税区管委会负责审核认定，遵循公开透明、定向使用、科学管理、加强监督的原则。

第三条 本办法所指的税收“地方留成部分”是指企业当年实缴企业所得税的40%，增值税的50%。个人所得税地方留成部分是指个人当年实缴个人所得税的40%。如遇国家、省、市政策比例调整，本办法作相应的调整。

第四条 综保区原则上不接收舟山本地企业以迁移的方式入驻，且入区企业不享受本办法的扶持政策。如本地企业确实需要利用综保区的功能和政策开展相关业务的，向综保区管委会提出申请，经退出地县（区）政府和海洋产业集聚区管委会同意后，方可入驻，享受本办法的扶持政策。

第五条 综保区管委会成立企业综合服务中心，为入驻企业提供“一站式”全方位咨询和服务。

第二章 扶持内容

第六条 商贸、现代服务及其他企业

企业当年实缴的企业所得税、增值税的地方留成部分总额T（万元）在10万元以上（含10万元）的企业，享受如下扶持政策：

税种 T（万元）	企业所得税	增值税
	地方留成部分扶持比例	地方留成部分扶持比例
10万元≤T＜300万元	90%	80%
300万元≤T＜1000万元	90%	85%
T≥1000万元	90%	90%

第七条 物流及交通运输类企业

企业当年实缴的企业所得税、增值税的地方留成部分总额T（万元）在10万元以上（含10万元）的企业，享受如下扶持政策：

税种 T（万元）	企业所得税	增值税
	地方留成部分扶持比例	地方留成部分扶持比例
10万元≤T＜300万元	90%	80%
300万元≤T＜1 000万元	90%	85%
T≥1 000万元	90%	90%

第八条 融资租赁、基金、股权投资和投资管理类企业

1. 融资租赁类企业：

对注册在综保区的各类融资租赁公司，自开业年度起，前二年按其缴纳的企业所得税、增值税的地方留成部分的100%标准给予补助，后三年按50%标准给予补助。同时，注册资本10亿元（含）以上的，补助2 000万元；注册资本10亿元以下、5亿元（含）以上的，补助1 500万元；注册资本5亿元以下、1.7亿元（含）以上的，补助1 000万元。奖励资金分二期支付，注册资本到位并实际开展业务后支付40%，在融资租赁余额达到实收资本后再分两年各支付30%。对设立的特殊项目公司待实际业务开展后按每家3万元的额度予以奖励。其他具体奖励及操作办法详见《舟山港综合保税区关于支持融资租赁产业发展的实施细则（试行）》。

2. 股权投资、投资管理及基金类企业：

企业当年实缴的所得税（企业所得税以及按照“利息、股息、红利所得”或“财产转让所得”项目征收的个人所得税）、增值税的地方留成部分总额在10万元以上（含10万元）的企业，自设立之日起八年内，享受如下扶持政策：

股权投资及基金类企业	所得税	增值税
地方留成部分扶持比例	90%	90%
投资集聚区内项目或企业 地方留成部分扶持比例	95%	95%

第九条 专业市场交易类企业

对设立经营综保区鼓励的石油化工、水产品、文化艺术品、矿产品、金属、粮油、重型装备、船舶及船用设备等专业交易市场，经认定可享受以下扶持政策：

1. 对于市场实施主体企业，自设立之日起5年内：

市场实施主体企业	企业所得税	增值税
地方留成部分扶持比例	95%	95%

2. 对市场实施主体企业引进或集聚的会员企业：

企业当年实缴的企业所得税、增值税的地方留成部分总额T（万元）在10万元以上（含10万元）的企业享受如下扶持政策：

税种 T（万元）	企业所得税	增值税
	地方留成部分扶持比例	地方留成部分扶持比例
T＜500万元	90%	80%
500万元≤T＜1 000万元	90%	85%
T≥1 000万元	90%	90%

第十条 其他优惠及扶持

1. 免费提供注册地址

对综保区入驻企业，免费提供注册地址。

2. 高管奖励

企业当年实缴的企业所税、增值税的地方留成部分总额在 500 万元以上或个人所得税地方留成总额在 500 万元以上的，给予高层管理人员（限 5 名以内、由企业自行选择提供名单）本人实缴个人所得税地方留成总额的 80%，按照“税收特别贡献奖”的方式进行奖励。

3. 印花税

贸易类企业当年实缴的企业所得税、增值税地方留成部分总额在 10 万元以上（含 10 万元），奖励印花税 50%，并且最高实缴 30 万元封顶，实行先缴后返。

4. 一事一议

对带动综保区主导产业发展、提升产业水平和促进税收增收作用特别明显的企业，经管委会同意，可签订“一事一议”扶持政策。

第三章 附则

第十一条 企业享受的各项扶持政策及奖励额度，不能超过企业当年对本区域的直接财政贡献。

第十二条 企业享受的各项扶持政策，可选择就高，但不能重复享受。企业享受上级政策的，先执行上级政策。

第十三条 与管委会签订“一事一议”扶持政策的企业，按协议执行。

第十四条 上级政策如有重大调整，本办法的扶持政策作相应调整。

第十五条 本办法由舟山港综合保税区管委会负责解释。

第十六条 本办法执行时期为五年，即自二 O 一七年一月一日至二 O 二一年十二月三十一日。

（二）广州保税区税收优惠政策

1. 保税区企业除享受国家给予开发区的现行优惠政策外，还享受本办法规定的有关税收优惠待遇。

2. 对保税区内从事加工出口的生产性外商投资企业，可减按 15%的税率计征企业所得税。

3. 外资银行、外资银行分行、中外合资银行及财务公司等金融机构在保税区设立的营业机构，外国投资者投入资本或该机构由其总行或分行拨入营运资金超过一千万美元、经营期限在十年以上的，经申请并经税务机关批准，其经营所得可减按 15%的税率缴纳企业所得税，并从开始获利年度起，第一年免征企业所得税，第二年和第三年减半征收企业所得税。

外资银行、外资银行分行、中外合资银行及财务公司等金融机构在保税区设立的营业机构，从事贷款业务取得的收入，按 3%的税率征收工商统一税，从事其他金融业务取得的收入，按 5%的税率征收工商统一税。

4. 外国投资者将其从保税区企业分得的利润，再投资于该企业或兴办新的企业，经营期不少于五年的，经税务机关核准，退还其再投资部分已缴纳企业所得税税款的 40%。其再投资企业中属于“产品出口企业”或“先进技术企业”，经营期不少于五年的，退还再投资部分已缴纳的全部企业所得税税款。

5. 从境外进入保税区供保税区内使用的机器设备、基建物资、生产用车辆、交通工具、办公用品、管理设备以及为加工出口产品所需的原材料、零部件、元器件、燃料、包装物料（包括国家限制进口的），供储存的转口货物，免征进口环节的关税和工商统一税或产品税（增值税）。

免税进入保税区的货物经批准再运往非保税区的，照章征收关税和工商统一税或产品税（增值税）。

6. 供保税区内行政管理机构、企业及其工作人员在区内自用的国内生产的基建物资，机器设备和日常办公用品，使用单位应向管委会申报并经批准，由海关查验免征关税。

7. 从非保税区进入保税区的货物，凡符合出口规定的，除国家另有规定外，免征生产环节的工商统一税或产品税（增值税），或退还已征的工商统一税、产品税（增值税）。

广州经济技术开发区企业生产的产品进入保税区直接出口的，按国家规定免征关税。

8. 保税区企业生产的产品，除国家另有规定外，可享受以下税收优惠待遇：

（一）产品运往境外的，免征关税和生产环节的工商统一税或产品税（增值税）；

（二）产品在区内销售的，免征生产环节的工商统一税或产品税（增值税）。

但上款产品经批准进入非保税区的，应按有关规定征收关税和工商统一税或产品税（增值税）。

评价反馈

一、请填写以下过程评价表 5-4。

表 5-4　任务过程评价表

班级：　　　　　　　　　　　　　　　　　任务名称：

被评价者姓名：

评价标准	分数分配	小组评价				教师评价				备注
		优秀	良好	中	差	优秀	良好	中	差	
		14~15	11~13	9~12	0~8	14~15	11~13	9~12	0~8	
		18~20	15~18	12~14	0~11	18~20	15~18	12~14	0~11	
整个任务过程符合教师提出的、校企合作企业规章制度所明确的任务规范。任务流程中的着装、语言和行为符合职业规范	15									
能独立完成任务内容，能竭尽全力解决遇到的困难，以认真负责的态度保证任务的质量	15									
在每个任务活动中，能主动与教师或其他同学就任务的进展和工作的思路进行交流。认真聆听其他同学和老师的意见	15									
在任务的过程中，能熟练灵活地运用各种学习和工作资源。在向其他组员和教师求助之前，能够先利用并穷尽教材、学材等资源	20									
能察觉任务中出现的困难或错误，提出并实践不同的改善方案，直至解决问题	20									
在整个任务过程中不浪费包括时间在内的资源和耗材，使得整个任务过程是环境友好并且有效率的	15									
小计	100									
总分										

二、请填写以下的任务成果评价表 5-5。

表 5-5　企业成立的税务筹划评价表

班级：　　　　　　　　　　　　　　　　　　　　被评价者姓名：

任务名称：

序号	项目	配分	评分标准	扣分	扣分说明
1	政策搜寻	20	有效利用资源对每个任务涉及的政策、法令进行收集。缺少一项扣 5 分		
2	政策运用	30	错误运用政策法规的，一次扣 5 分		
3	税负计算	30	因为计算导致错误的每次扣 3 分，因为错用政策的每次扣 5 分		
4	口头表达	10	展示语言表达清晰，所用的语言符合企业综合服务人员应具备的职业水准，语气语调符合面向上级汇报的要求		
5	展示逻辑	10	整个展示的结构完整，逻辑清楚，重点清晰。每个部分的时间分配合理		
	合计	100			

三、请利用空白页撰写总结。总结的内容应包括自身在任务过程中知识技能的成长、方法能力的提升、值得肯定的优点、需要改进的不足等。

学习任务六

企业运营的税务筹划

学习情境

神州易桥（广州）科技有限公司致力于服务广州地区各类企业，为客户完成企业工商银行业务办理、会计核算、报表编制与分析、税费的计算与纳税申报以及纳税筹划等财税工商业务。近日，该公司扩大规模，承接了多家客户企业的财税业务，业务量繁多，特别是处理纳税筹划业务的工作人员严重短缺，现要求校企班级的学生迅速加入工作现场完成任务。

会计人员从神州易桥的纳税筹划部门的经理手中领取各个客户企业的资料以及筹划任务，将客户平均分配给校企班级团队（约 4～5 人一组）。各团队根据客户资料和工作任务要求分析背景情况、获取重要信息，依据法律法规判断筹划方向，选择筹划方法，针对运营过程产生的税务问题进行筹划，最后由部门经理做出审核。

学习目标

1. 能够运用相关法律法规和税收优惠政策，分析企业租用房屋、购买经营场所的经营决策中的税负情况并给出税收筹划已经，降低企业税负。

2. 能够运用政策法规和权益资本收益率等工具将企业资本结构调整到最合适的范围，降低税负的同时保障资本安全。

3. 能够熟练查阅融资租赁的定义和标准，熟练使用融资租赁、贷款等方式进行税筹。

4. 熟知对企业债券的发行、摊销的方法，能够较熟练的对企业债券进行摊销并根据实际情况对企业债券进行税收筹划。

5. 清楚直接投资的使用范围及优缺点，能够运用吸收直接投资进行融资并进行合理合法的税收筹划。

6. 在完成任务的过程中，能够充分、有效率地利用网络、书籍等方式进行资料的收集，提升重点信息提炼能力、书面表达能力，表现出较好的逻辑思维能力、信息处理能力，能自信地展现筹划成果并能口头上精炼有效表达筹划分析原理。

建议学时

12 学时。

学习活动一 企业房产的税务筹划

【学习目标】

1. 能够准确快速查找企业租用、购买房产的相关税收政策，能够结合实际情况分析企业及投资人个人税负情况并给出税务筹划。

2. 能够准确计算不同情况下租用、购买房产的相关税负金额。

【建议学时】

4 学时。

一、查阅相关资料，完成以下问题

1. 将自有房产免费给公司使用要不要交税？

2. 将房产有偿租赁给公司使用，要不要交税？

二、查阅相关法律文件，完成以下填空

1.《中华人民共和国税收征收管理法实施细则》规定：

纳税人与其关联企业之间转让财产、提供财产使用权等业务往来，______________，税务机关可以调整其应纳税额。

2.《营业税改征增值税试点实施办法》规定：

下列情形视同销售服务、无形资产或者不动产：

（1）单位或者个体工商户向其他单位或者个人______________，但用于公益事业或者以社会公众为对象的除外。

（2）单位或者个人向其他单位或者个人____________________________，但用于公益事业或者以社会公众为对象的除外。

（3）财政部和国家税务总局规定的其他情形。

其他个人出租不动产（不含住房），按照＿＿＿＿＿＿的征收率计算应纳增值税。其他个人出租住房，按照＿＿＿＿＿＿的征收率减按＿＿＿＿＿＿计算应纳增值税。

3.《房产税暂行条例》规定，个人所有＿＿＿＿＿＿＿，免纳房产税。

4.《财政部国家税务总局关于房产税城镇土地使用税有关问题的通知》规定，无租使用其他单位房产的应税单位和个人，依照＿＿＿＿＿＿＿代缴纳房产税。

5.《城镇土地使用税暂行条例》规定，在＿＿＿＿＿＿＿＿＿＿＿＿＿＿范围内使用土地的单位和个人，为城镇土地使用税的纳税人，应当依照本条例的规定缴纳土地使用税。

6.《国家税务局关于检发〈关于土地使用税若干具体问题的解释和暂行规定〉的通知》规定，个人所有的居住房屋及院落用地，土地使用税的征免税，由＿＿＿＿＿＿＿＿＿＿＿＿＿＿＿＿＿＿＿＿＿＿确定。

7.《关于廉租住房、经济适用住房和住房租赁有关税收政策的通知》规定：

对个人出租住房，不区分用途，＿＿＿＿＿城镇土地使用税。对个人出租住房取得的所得＿＿＿＿＿的税率征收个人所得税；对个人出租住房，不区分用途，按＿＿＿＿＿＿＿＿＿＿的税率征收房产税；对个人出租、承租住房签订的租赁合同，免征印花税。

8. 根据《个人所得税法》相关规定，财产租赁所得，每次收入不超过＿＿＿＿＿元的，减除费用＿＿＿＿＿＿＿元：＿＿＿＿＿＿＿元以上的，减除＿＿＿＿＿＿＿的费用，其余额为应纳税所得额。个人所得税话用比例税率，税率为＿＿＿＿＿＿＿。

9.《国家税务总局关于小规模纳税人免征增值税政策有关征管问题的公告》（国家税务总局公告 2019 年第 4 号）第四条规定：《中华人民共和国增值税暂行条例实施细则》第九条所称的其他个人，采取＿＿＿＿＿＿形式出租不动产取得的租金收入，可在对应的租赁期内平均分摊，分摊后的月租金收入未超过＿＿＿＿＿＿的，免征增值税。

10. 根据《房产税》相关规定，个人出租的房产，不分用途，均应征收房产税，按＿＿＿＿＿的税率，＿＿＿＿＿＿＿计征。

11. 根据《印花税暂行条例》相关规定，财产租赁合同按租赁金额＿＿＿＿贴花。

【税务筹划任务】

M 先生准备开办一间培训公司，开办公司需要经营场所，M 先生自己拥有一套闲置房产。M 先生现在来公司咨询。

选择一：将个人房产给公司免费使用要不要交税？请说明税负情况，以及如何将税负降低。

选择二：如果将房产有偿租赁给自己公司使用，税负情况如何？

选择三：M 先生购置一套商用房，价格 1 000 万元，土地使用证面积 1 000 平方米，如果个人购买，以 40 万元租金租给公司，如果转让，预计 5 年后可以卖出 1 500 万元。

请税筹人员分析税负情况（提示：对比以个人名义购买和以公司名义购买的税负差别。）

选择一税负分析：

选择二税负分析：

选择三税负分析：

学习活动二 企业资本结构的税务筹划

【学习目标】

1. 清楚企业生产经营活动所需要的资金的来源渠道，以及主要渠道的使用范围、优缺点，能够给客户提供获取资金的建议。

2. 能够运用政策法规和权益资本收益率等工具将企业资本结构调整到最合适的范围，在降低税负的同时保障资本安全。

【建议学时】

2 学时。

一、查阅相关文件，回答下列问题。

1. 企业生产经营活动所需要的资金的来源有哪些？

2. 比较发行债券、向金融机构借款、企业自我积累、发行股票这四种融资方式。

3. 比较负债筹资与权益筹资并填写表 6-1。

表 6-1　负债筹资与权益筹资比较

项目	负债筹资	权益筹资
筹资渠道		
税法规定		
筹划目的		
筹划策略		

【引导案例】

某公司拟筹资 9000 万元，有五个方案，税务筹划师对这五个方案进行资本结构对比，做出以下方案表 6-2。

表 6-2　不同方案表

项目	方案 A	方案 B	方案 C	方案 D	方案 E
负债比率	0	1∶1	2∶1	3∶1	4∶1
负债成本率/%	—	6	7	9	10.5
投资收益率/%	10	10	10	10	10
负债额/万元	0	4 500	6 000	6 750	7 200
权益资本额/万元	9 000	4 500	3 000	2 250	1 800
普通股股数/万股	90	45	30	22.5	1 800
年息税前利润额/万元	900	900	900	900	900
减：负债利息成本/万元	—	270	420	607.5	756
年息税前净利润/万元	900	630	480	292.5	144
所得税税率/%	25	25	25	25	25
应纳所得税额/万元	225	157.5	120	73.13	36
年息税后利润/万元	675	472.5	360	219.38	108
权益资本收益率/%	7.5	10.5	12	9.75	6
普通股每股收益额/元	7.5	10.5	12	9.75	6

注意：权益资本收益率=年息税后利润÷权益资本额×100%

普通股每股收益额=年息税后利润÷普通股股数

从以上五种备选方案可以看出，方案 B、C、D 利用了负债筹资的方式，由于其负债利息可以在税前扣除，因此，降低了所得税的税收负担，导致了权益资本收益率和普通股每股收益额均高于完全靠权益资本筹资的方案 A。

项目分析：

上述方案中假设随着企业负债比例的不断提高，企业筹资的成本也在不断提高，反映在表是负债成本率不断提高，这一假设是符合现实的。正是负债成本率的不断提高，使得增加的债务筹资成本逐渐超过因其抵税作用带来的收益，这时，通过增大负债比例进行纳税筹划的空间就逐渐消失了。

上述五种方案所带来的权益资本收益率和普通股每股收益额的变化充分说明了这一规律。从方案 A 到方案 C，随着企业负债比例的不断提高，权益资本收益率和普通股每股收益额也在不断提高，说明税收效应处于明显的优势；但从方案 C 到方案 D，则出现了权益资本收益率和普通股每股收益额逐渐下降的趋势，这就说明此时起主导作用的因素已经开始向负债成本转移，债务成本抵税作用带来的收益增加效应已经受到削弱与抵消，但与完全采用股权性筹资的方案相比，仍是有利可图的。但到方案 E 时，债务筹资税收挡板作用带来的收益就完全被负债成本的增加抵消，而且负债成本已经超过节税的效应，因此，方案 E 的权益资本收益率和普通股每股收益额已经低于完全不进行债务融资时（即方案 A）的收益，此时筹资所带来的就不是收益而是成本。

结论：只有当企业息税前投资收益率高于负债成本率时，增大负债比例才能提高企业的整体效益；否则，就会降低企业的整体效益。

在筹资的纳税筹划过程中，必须把降低纳税成本与控制企业的财务风险和经营风险紧密地结合起来，寻求企业的最优负债量，最大限度地降低纳税成本，同时确立使股东财富最大化的企业资本结构。

在进行筹资的过程中，还必须注意的一个问题是防止出现资本弱化。资本弱化是指在企业的资本结构安排中，债权资本大于股权资本的现象。企业资本由权益资本和债务资本构成，但企业经营者和投资者为了自身利益最大化或其他目的，在融资和投资方式的选择上，提高贷款的比例，降低股本的比例，从而造成企业负债与所有者权益的比率超过一定的限额。根据经济合作与发展组织（OECD）的解释，企业权益资本与债务资本的比例应为 1∶1，当权益资本小于债务资本时，即资本弱化。各国税法通常规定，债权资本所产生的利息可以在所得税前列支，而股息收入必须课税，因此，不少企业把资本弱化作为有效的避税手段，以实现企业价值最大化。

我国《企业所得税法》中规定了防止资本弱化的内容，如企业从其关联方接受的债权性投资与权益性投资的比例超过规定标准（金融企业为 5∶1，其他企业为 2∶1）而发生的利息支出，是不得在计算应纳税所得额时扣除的。因此，企业债权性资本和权益性资本的比例必须符合国家的规定，以降低涉税风险。

【税务筹划任务】

A 公司计划投资 1 000 万元用于新产品的生产，有三个方案，请对这三个方案进行比较，给出税筹建议并填写表 6-3。

表 6-3　三个方案比较情况

项目	方案 A	方案 B	方案 C
负债比率	0	1∶4	3∶2
负债成本率/%	10	10	10
投资收益率/%	30	30	30
负债额/万元			
权益资本额/万元			
年息税前利润额/万元			
减：负债利息成本/万元			
年息税前净利润/万元			
所得税税率/%			
应纳所得税额/万元			
年息税后利润/万元			
权益资本收益率/%			

税筹建议：

学习活动三 企业融资的税务筹划

【学习目标】

1. 能够熟练查阅融资租赁的定义和标准，熟练使用融资租赁、贷款等方式进行税筹。

2. 熟知对企业债券的发行、摊销的方法，能够较熟练地对企业债券进行摊销并根据实际情况对企业债券进行税务筹划。

3. 清楚直接投资的使用范围及优缺点，能够运用吸收直接投资进行融资并进行合理合法的税务筹划。

【建议学时】

4 学时。

一、查阅相关文件，回答下列问题。

1. 什么条件的租赁可认定为融资租赁？

2. 什么是企业债券溢价摊销和折价摊销的直线法和实际利率法？请写出直线法摊销和实际利率法摊销的相关公式。

① 企业债券溢价摊销的直线法。

② 企业债券溢价摊销的实际利率法。

③ 企业债券折价摊销的直线法。

④ 企业债券折价摊销的实际利率法。

⑤ 直线法摊销公式。

⑥ 实际利率法摊销公式。

3. 什么是吸收直接投资？有什么优缺点？

【引导案例 1】

A 公司计划增添一机床，总共需要资金 100 万元，预计使用寿命为 5 年，净残值为 10 万元，采用平均年限法，折现率为 8%。该企业有三种方案供选择：第一，用自有资金购买；第二，贷款购买，银行提供 4 年期的长期贷款，每年偿还 25 万元本金及利息，利率为 10%；第三，融资租赁，4 年后取得所有权，每年支付租赁费 30 万元，手续费为 1%，融资利率为 10%。请比较三种方案并提出纳税筹划方案。

折现系数=1÷(1+折现率)^{年限数}

折现率为 8%，第一年折现系数=1÷(1+8%)^{1}≈0.93

折现率为 8%，第二年折现系数=1÷(1+8%)^{2}≈0.86

折现率为 8%，第三年折现系数=1÷(1+8%)^{3}≈0.79

折现率为 8%，第四年折现系数=1÷(1+8%)^{4}≈0.73

折现率为 8%，第五年折现系数=1÷(1+8%)^{5}≈0.68

第一种方案的现金流出量限值如表 6-4 所示。

表 6-4　第一种方案现金流出量限值　　单位：万元

年份 ①	购买成本 ②	折旧费 ③	节税额 ④=③×25%	税后流出量 ⑤=②-④	折现系数 ⑥	税后现金流出量现值 ⑦=⑤×⑥
第 1 年初	100			100		100
第 1 年末		18	4.5	-4.5	0.93	-4.19
第 2 年末		18	4.5	-4.5	0.86	-3.87
第 3 年末		18	4.5	-4.5	0.79	-3.56
第 4 年末		18	4.5	-4.5	0.73	-3.29
第 5 年末		18	4.5	-4.5	0.68	-3.06
				-10	0.68	-6.80
合计	100	90	22.5	67.5		75.24

第二种方案的现金流出量限值如表 6-5 所示。

表 6-5　第二种方案现金流出量限值　　单位：万元

年份 ①	偿还本金 ②	利息 ③	本利和 ④=②+③	折旧费 ⑤	节税额 ⑥=（③+⑤）×25%	税后现金流出量现值 ⑦=④-⑥	折现系数 ⑧	税后现金流出量现值 ⑨=⑦×⑧
1	25.00	10.00	35.00	18.00	7.00	28.00	0.93	26.04
2	25.00	7.50	32.50	18.00	6.38	26.13	0.86	22.47
3	25.00	5.00	30.00	18.00	5.75	24.25	0.79	19.16
4	25.00	2.50	27.50	18.00	5.13	22.38	0.73	16.33
5				18.00	4.50	-4.50	0.68	-3.06
						-10.00	0.68	-6.80
合计	100.00	25.00	125.00	90.00	28.75	86.25	4.67	74.14

第三种方案的现金流出量限值如表 6-6 所示。

表 6-6　第三种方案现金流出量限值　　单位：万元

年份 ①	租赁成本 ②	手续费 ③=②×1%	融资利息 ④	租赁总成本 ⑤=②+③+④	折旧费 ⑥	节税额 ⑦=（③+④+⑥）*25%	税后现金流出量现值 ⑧=⑤-⑦	折现系数 ⑨	税后现金流出量现值 ⑩=⑧×⑨
1	25	0.25	10	35.25	18	7.0625	28.1875	0.93	26.21
2	25	0.25	7.5	32.75	18	6.4375	26.3125	0.86	22.63
3	25	0.25	5	30.25	18	5.8125	24.4375	0.79	19.31
4	25	0.25	2.5	27.75	18	5.1875	22.5625	0.73	16.47
5					18	4.5	-4.5	0.68	-3.06
							-10	0.68	-6.80
合计	100.00	1.00	25.00	126.00	90.00	29.00	87.00		74.76

结论：

通过分析以上三种方案可以看出，仅仅从节税的角度来看，用融资租赁购买设备所享受的税收优惠最大，而用自有资金购买设备就不能享受税前扣除的待遇，因此所获得的税收优惠是最小。但是从税后现金流出量现值来看，贷款购买设备所获得的利益是最大的，用融资租赁次之，用自有资金购买设备是最次的方案。

【引导案例 2】

兴旺公司在生产经营中需要 1 000 万贷款，贷款期限为 3 年。由于各种原因难以继续向银行贷款，公司财务主管提出 3 种融资方案：第一种，向其他企业贷款，贷款利率为 10%，需提供担保；第二种，向社会上的个人贷款，贷款利率 12%，无需提供担保；第三种，向本公司职工集资，该公司员工人数 1 000 人，每人集资 10 000 元，利率为 12%，其中 7%的部分以利息方式支付，另外 5%以职工工资的方式支付。该公司人均月工资 1 500 元，同期银行贷款利率为 7%。从纳税筹划的角度，帮助该公司进行融资决策。

方案一：虽然向其他企业贷款的利率较低，但需要提供担保，贷款条件和银行基本相当，而且超过银行同期同类贷款利率的利息不得列支，因此不是最佳选择。

方案二：如果选择向社会上的个人贷款，公司所支付的超过银行同期贷款利率的利息不能扣除，应当调增应纳税所得额=1 000×10 000×（12%-7%）=500 000（元），多缴纳企业所得税=500 000×25%=125 000（元），3 年期合计 375 000 元，增加了公司的税收负担。同时还应当代扣代缴个人所得税=10 000 000×12%×20%×3=720 000（元）。

方案三：如果向本公司职工集资，由于将超过银行同期同类贷款利率 7%以上的 5%部分的利息以职工工资的方式支付，而且该公司职工月工资为 1 500 元，加上 500（10 000×5%）元的利息，没有超过《个人所得税法》所规定的扣除额，职工无需为此缴纳个人所得税。同时，公司 3 年将少缴纳 375 000 元的企业所得税，而且还减少公司代扣代缴的个人所得税=10 000 000×5%×20%×3=300 000（元）。因此，这种方案不仅能减少公司的税收负担，还能提高职工的税后利益，可谓一举两得，公司和职工都获得了税收利益。

【税务筹划任务】

【工作任务 1】某公司计划增添一设备，总共需要资金 200 万元，预计使用寿命为 6 年，净残值为 8 万元，采用平均年限法，折现系数为 10%。该企业有三种方案供选择：第一，用自有资金购买；第二，贷款购买，银行提供 5 年期的长期贷款，每年偿还 40 万元本金及利息，利率为 10%；第三，融资租赁，5 年后取得所有权，每年支付租赁费 40 万元，手续费为 1%，融资利率为 9%。请比较三种方案并提出纳税筹划方案。

请将第一种方案的现金流出量限值填入表 6-7 中。

表 6-7　第一种方案现金流出量限值　　单位：万元

年份	购买成本	折旧费	节税额	税后流出量	折现系数	税后现金流出量现值
第 1 年初						
第 1 年末						
第 2 年末						
第 3 年末						
第 4 年末						
第 5 年末						
第 6 年末						
合计						

请将第二种方案的现金流出量限值填入表 6-8。

表 6-8　第二种方案现金流出量限值　　单位：万元

年份	偿还本金	利息	本利和	折旧费	节税额	税后现金流出量现值	折现系数	税后现金流出量现值
1								
2								
3								
4								
5								
6								
合计								

请将第三种方案的现金流出量限值填入表 6-9。

表 6-9　第三种方案现金流出量限值　　单位：万元

年份	租赁成本	手续费	融资利息	租赁总成本	折旧费	节税额	税后现金流出量现值	折现系数	税后现金流出量现值
1									
2									
3									
4									
5									
6									
合计									

结论：

【工作任务 2】天元公司 2016 年 1 月 1 日发行债券 200 000 万元，期限为 5 年，票面利率为 10%，每年支付一次利息。公司按溢价 216 060 万元发行，市场利率为 8%。该公司对债券溢价有两种摊销方法可供选择，即采用直线法与实际利率法进行摊销。作为税筹人员，你会给出用哪一种的建议呢？

请将直线摊销法的情况填入表 6-10。

表 6-10　直线摊销法

单位：万元

付息日期	实付利息	利息费用	溢价摊销	未摊销溢价	账面价值
第一年年初					
第一年年末					
第二年年末					
第三年年末					
第四年年末					
第五年年末					
合计					

请将实际利率摊销法的情况填入表 6-11。

表 6-11　实际利率摊销法

单位：万元

付息日期	实付利息	利息费用	溢价摊销	未摊销溢价	账面价值
第一年年初					
第一年年末					
第二年年末					
第三年年末					
第四年年末					
第五年年末					
合计					

结论：

【温馨提示】

债券折价摊销方法不同，不会影响利息费用的总和，但会影响各年度的利息费用摊销额。如果采用实际利率法，前几年的折价摊销额少于直线法下的摊销额，前几年的利息费用也少于直线法下的利息费用。公司前期缴纳的税款较多，后期缴纳的税款较少。由于货币时间价值的存在，企业采用直线法对债券的折价进行摊销，以获得延期纳税的利益。

学习活动四 接受任务考核

【学习目标】

完成企业运营的税务筹划，提交部门经理审核。

【建议学时】

2 学时。

【考核内容】

现在接到以下客户的税筹需求，请大家按团队完成以下工作任务。

【考核任务】

【考核任务 1】A 公司在生产经营中需要 1 800 万贷款，贷款期限为 3 年。由于各种原因难以继续向银行贷款，公司财务主管向本公司职工集资，该公司员工人数 1 000 人，该公司人年均收入 3 6000 元，同期银行贷款利率为 6%，社会同期低风险投资的收益是 10%。请筹划应该给职工定的利率是多少能使职工和企业双赢。

【考核任务 2】某股份有限公司计划筹措 1 000 万元资金用于某高科技产品生产线的建设，相应制定了 A、B、C 三种筹资方案。假设该公司的资本结构（负债筹资与权益筹资的比例）如下。三种方案的借款年利率都为 8%，企业所得税税率都为 25%，三种方案扣除利息和所得税前的年利润都为 100 万元。

方案 A：全部 1 000 万元资金都采用权益筹资方式，即向社会公开发行股票，每股计划发行价格为 2 元，共计 500 万股。

方案 B：采用负债筹资与权益筹责相结合的方式，向商业银行借款融资 200 万元，向社会公开发行股票 400 万股，每股计划发行价格为 2 元。

方案 C：采用负债筹资与权益筹资相结合的方式，但二者适当调整，向银行借款 600 万元，向社会公开发行股票 200 万股，每股计划发行价格为 2 元。请给出纳税筹划方案，并填入表 6-12。

表 6-12　三种方案的情况

项目	方案 A	方案 B	方案 C
负债比率			
负债成本率/%			
投资收益率/%			
负债额/万元			
权益资本额/万元			
普通股股数/万股			
年息税前利润额/万元			
减：负债利息成本/万元			
年息税前净利润/万元			
所得税税率/%			
应纳所得税额/万元			
年息税后利润/万元			
权益资本收益率/%			
普通股每股收益额/元			

税筹建议：

评价反馈

一、请填写以下过程评价表 6-13。

表 6-13　任务过程评价表

班级：　　　　　　　　　　　　　　　　　　　　　　任务名称：

被评价者姓名：

<table>
<tr><th rowspan="4">评价标准</th><th rowspan="4">分数分配</th><th colspan="4">小组评价</th><th colspan="4">教师评价</th><th rowspan="4">备注</th></tr>
<tr><th>优秀</th><th>良好</th><th>中</th><th>差</th><th>优秀</th><th>良好</th><th>中</th><th>差</th></tr>
<tr><th>14~15</th><th>11~13</th><th>9~12</th><th>0~8</th><th>14~15</th><th>11~13</th><th>9~12</th><th>0~8</th></tr>
<tr><th>18~20</th><th>15~18</th><th>12~14</th><th>0~11</th><th>18~20</th><th>15~18</th><th>12~14</th><th>0~11</th></tr>
<tr><td>整个任务过程符合教师提出的、校企合作企业规章制度所明确的任务规范。任务流程中的着装、语言和行为符合职业规范</td><td>15</td><td></td><td></td><td></td><td></td><td></td><td></td><td></td><td></td><td></td></tr>
<tr><td>能独立完成任务内容，能竭尽全力解决遇到的困难，以认真负责的态度保证任务的质量</td><td>15</td><td></td><td></td><td></td><td></td><td></td><td></td><td></td><td></td><td></td></tr>
<tr><td>在每个任务活动中，能主动与教师或其他同学就任务的进展和工作的思路进行交流。认真聆听其他同学和老师的意见</td><td>15</td><td></td><td></td><td></td><td></td><td></td><td></td><td></td><td></td><td></td></tr>
<tr><td>在任务的过程中，能熟练灵活地运用各种学习和工作资源。在向其他组员和教师求助之前，能够先利用并穷尽教材、学材等资源</td><td>20</td><td></td><td></td><td></td><td></td><td></td><td></td><td></td><td></td><td></td></tr>
<tr><td>能察觉任务中出现的困难或错误，提出并实践不同的改善方案，直至解决问题</td><td>20</td><td></td><td></td><td></td><td></td><td></td><td></td><td></td><td></td><td></td></tr>
<tr><td>在整个任务过程中不浪费包括时间在内的资源和耗材，使得整个任务过程是环境友好并且有效率的</td><td>15</td><td></td><td></td><td></td><td></td><td></td><td></td><td></td><td></td><td></td></tr>
<tr><td>小计</td><td>100</td><td></td><td></td><td></td><td></td><td></td><td></td><td></td><td></td><td></td></tr>
<tr><td colspan="2">总分</td><td colspan="4"></td><td colspan="4"></td><td></td></tr>
</table>

二、请填写以下的任务成果评价表 6-14。

表 6-14　企业运营的税务筹划评价表

班级：　　　　　　　　　　　　　　　　　　被评价者姓名：

任务名称：

序号	项目	配分	评分标准	扣分	扣分说明
1	政策搜寻	20	有效利用资源对每个任务涉及的政策、法令进行收集。缺少一项扣 5 分		
2	政策运用	30	错误运用政策法规的，一次扣 5 分		
3	税负计算	30	因为计算导致错误的每次扣 3 分，因为错用政策的每次扣 5 分		
4	口头表达	10	展示语言表达清晰，所用的语言符合企业综合服务人员应具备的职业水准，语气语调符合面向上级汇报的要求		
5	展示逻辑	10	整个展示的结构完整，逻辑清楚，重点清晰。每个部分的时间分配合理		
	合计	100			

三、请利用空白页撰写总结。总结的内容应包括自身在任务过程中知识技能的成长、方法能力的提升、值得肯定的优点、需要改进的不足等。